교과서에 나오는
위인들

위인전 편찬위원회 편

자유토론

위인전을 잘 활용할 방법은 없을까?
-- 1999년 5월 18일자 동아일보 기사 --

    수백 종의 위인전이 시중에 나와 있고 자녀에게 위인전 한두 권 이상 선물하지 않은 부모는 거의 없다. 위인들의 덕목을 가르치려는 부모의 소망 때문이다. 그러나 시간이 흐르면 위인전은 책꽂이 장식용으로 전락한다.
    위인전을 위인전답게 활용할 수 있는 방법은 없을까?
    초등학교 교과서에 나오는 위인 시리즈를 낸 자유지성사의 위인전편찬위원회 이종은 위원이 추천하는 '위인전 독서법'을 소개한다.

◆ 신의 자식 → 사람의 자식
    위인전의 내용은 대부분 천편일률적이다. 모범생에 어른이 돼도 남에게 손가락질 한번 받지 않는 인물로 묘사돼 있다. 그러나 아이들은 많은 실수와 잘못을 저지른다.
    이런 아이들에게 위인의 삶을 그대로 배우라고 요구하는 것 자체가 무리가 아닐까. 그보다는 위인도 잘못하고 장난도 치는 인물임을 알려주는 것이 좋다. 함께 읽고 비교하며 대화하면 훨씬 더 효과적이다. "에디슨은 너만할 때 계란을 품었다가 혼났지만 훌륭한 발명가가 됐지." "오성과 한음도 어릴 때는 동네에서 유명한 장난꾸러기였어." 이런 식으로 위인과 아이의 거리감을 최대한 없애는 것이 중요하다.

◆ 가슴에 담기
    초등학교 저학년의 경우, 위인전의 인상깊은 장면을 그리도록 한다. 이순신 장군이 무과시험에서 낙마해 부상했지만 끝까지 달리는 모습을 그린다면 아이의 가슴에는 '용기'가 심어질 것이다.

◆ 노래말 짓기
아이들이 즐겨 부르는 노래의 가사를 위인전 내용으로 바꿔 부르도록 한다. 고학년은 '랩송'도 괜찮다. 가사가 유치해도 자녀가 쓴 그대로 놔둔다. 중요한 것은 노래하면서 그 위인과 만나는 것이기 때문.

◆ 이달의 문화인물
문화관광부가 선정하는 '이달의 문화인물'이 신문에 발표되면 관련 기사를 아이와 함께 읽으면 좋다. 자녀를 데리고 위인의 탄생지 등을 찾아 아이 눈으로 위인의 발자취를 더듬게 해 본다.

◆ 비판력 키우기
위인전만큼 좋은 토론 재료도 없다. "너 같으면 이때 어떻게 하겠니?" "너는 이 행동을 어떻게 생각하니?"라고 질문해 사고력을 길러준다. 존 F. 케네디의 경우 정치인으로는 인류에게 꿈과 희망을 주었지만 남편으로서는 '부정한 사람'이라고 비판할 수 있다.

◆ 위인전집 활용법
전집의 경우, 국내외 인물을 분야별 시대별 주제별로 연결해 읽히는 것도 방법. 예를 들어 '광개토대왕과 칭기즈칸' '유관순과 잔다르크' 같은 식으로 말이다. 읽은 뒤 두 인물을 비교해 보는 것도 재미있는 방법이다.

머리말

　어린이 여러분이 읽어야 하는 책은 분야 별로 참으로 많습니다. 동화, 동시, 과학, 역사에 관한 책 등…….
　동화와 동시를 통해서는 무한한 상상력과 창의력을 키울 수 있고, 과학책이나 역사책에서는 비판력과 논리적인 사고력을 키울 수 있습니다.
　위인전도 마찬가지지요. 어린이 여러분은 위인전을 읽으면서 위인들의 어린 시절을 통해 자신을 비교해 보게 되고, 남다른 지혜와 용기를 배우게 되지요. 또한 착하고 슬기롭고, 의로운 마음으로 용기있게 어려움을 헤쳐나가는 지혜를 배우기도 하구요.
　위인은 어린이 여러분의 친구입니다. 역사에 길이 남는 위인이라고 해서 여러분과 다른 종류의 사람이 아닙니다.
　그들도 어린 시절에는 말썽을 피워 부모님께 혼나기도 했고, 잘못을 저질러 참회의 눈물을 흘리기도 했습니다.
　요즘처럼 할 것도 많고 배울 것도 많은 어린이 여러분이 그 많은 위인전을 다 읽을 수는 없습니다.
　교과서에 나오는 위인들만을 가려 뽑아 간략하게 소개해 놓은 이 책 한 권으로 여러분은 교과서 속 위인들을 모두 만나게 될 것입니다.

교과서에 나오는 위인들 ·············· 2학년

어린이를 위한 삶 　강소천 9

나의 소원은 대한 독립 　백범 김구 45

훈민정음을 만든 　세종 대왕 81

애국가를 작곡한 　안익태 103

죽는 날까지 나라를 위하리! 　유관 115

조국에 바친 순결 **유관순** 131

글과 술의 재상 **윤회** 161

거북선으로 왜적을 무찌른 **이순신** 177

소나무 같은 기백 **퇴계 이황** 193

한글 연구의 선구자 **한힌샘 주시경** 213

어린이를 위한 삶

강소천

하늘 향해 두 팔 벌린 나무들같이
무럭무럭 자라나는 나무들같이
너도 나도 씩씩하게 어서 자라서
새 나라의 기둥되자, 우리 어린이

해님 보고 방긋 웃는 꽃송이같이
아름답게 피어나는 꽃송이같이
너도 나도 곱게곱게 어서 피어서
새 나라의 꽃이 되자, 우리 어린이

바다 찾아 흘러가는 시냇물처럼
조잘조잘 노래하는 시냇물처럼
너도 나도 서로서로 힘을 모아서
새 나라의 힘이 되자, 우리 어린이

누구나 한 번쯤은 이 노래를 불러

보았겠죠? '어린이 노래'는 그야말로 어린이들을 위한 우리의 노래입니다.

강소천이 쓴 시에 나운영이 곡을 붙여서 만든 동요지요.

강소천은 어린이를 위해 태어난 사람이었습니다. 어린이를 위해 글을 쓰며 평생을 살았습니다.

"어린이들에게 꿈과 사랑을 키워 줄 수 있다면 무엇이든지 할 수 있어."

강소천은 늘 그런 생각만 머리 속에 담아두고 있었습니다.

그 무렵 우리 나라는 일본의 손아귀에 놓여 있었습니다.

강소천은 자라나는 아이들에게 꿈과 희망을 심어주지 못한다면 이 나라는 영원히 일본의 그늘에서 벗어나지 못한다고 여겼습니다.

일본인들은 어떻게 하면 조선의 어린이들이 제 나라에 충성을 바치도록 할까 오로지 그 궁리밖에 하지 않았거든요.

그 때는 한국인이면서도 한글 이름을 쓸 수가 없었답니다.

학교에서도 한글 대신 일본어를 읽고 쓰게 했습니다.

그런 것을 보면서 강소천은 자신이 해야 할 일이 무엇인지 하나씩 깨달아 갔던 것입니다.

"한글을 살리는 것만이 이 나라를

살리는 것이다!"

강소천은 입버릇처럼 그렇게 말했습니다.

강소천은 1915년 9월 16일 함경남도 고원군 수동면 미둔리에서 태어났습니다.

소천은 아버지 강석우와 어머니 허석운 사이에서 둘째 아들로 태어났답니다.

소천이 태어난 미둔리는 대대로 강씨들만 사는 곳이었어요.

미둔리는 두메 산골로 뫼뚜니라고도 했지요.

겨울에 뫼뚜니는 눈이 많고 바람이 세차게 부는 고장이었습니다.

봄이 다른 지방보다 더디게 오고

대신 겨울은 어느 곳보다 빨리 오는 곳이었지요.

소천은 그런 두메 산골에서 부모님과 어른들의 귀여움을 독차지하며 천진난만하게 자랐습니다.

소천의 어릴 적 이름은 용율이었습니다.

소천이라는 이름은 나중에 동시를 쓰면서 새로 지은 이름입니다.

작은 샘이라는 뜻으로 소천이라고 지었지요.

소천이 일찌감치 새로운 현실에 눈을 뜰 수 있었던 것은 할아버지의 영향 때문이었습니다.

할아버지는 미둔리에 교회를 세운 독실한 기독교인이었답니다.

부모님도 신앙심이 남달랐습니다.

당연히 소천도 교회에서 생활하는 시간이 길었습니다.

찬송가 부르는 것을 즐겼고 혼자서 찬송가 가사를 지어 불러 보기도 했습니다.

"우리 용율이는 재주가 좋구나. 혼자서 노래도 지을 줄 알고."

할아버지는 가사를 바꿔 흥얼대는 어린 손주를 보면서 늘 대견스러워 하셨습니다.

할아버지 칭찬이 무슨 의미인지도 모르고 어린 소천은 자랑스럽게 가사를 바꿔 찬송가를 불러 보곤 했습니다.

소천은 몹시 개구쟁이였습니다.

동네에서 소문난 골목대장이었지요.

어느 날 소천은 밖에서 놀다 말고 집 안으로 뛰어 들어갔습니다.

노는 것을 워낙 좋아하는 탓에 날이 저물기 전에는 돌아오는 일이 별로 없었지만 그 날만은 그럴 수가 없었습니다.

너무 추워 친구들이 일찌감치 집으로 돌아가 버렸던 것입니다.

"불장난이나 해야지."

소천은 어머니가 안 계신 틈을 타서 얼른 부엌으로 들어갔습니다.

그리고 꽁꽁 언 손을 호호 불어 녹이며 솔가지를 아궁이 속에 밀어 넣었습니다.

불은 금방 활활 타올랐습니다.

아궁이 가득 커다란 입을 벌리고서 소천이 넣어주는 나뭇가지를 낼름낼름 받아 먹는 불의 모습이 너무도

아름다웠습니다.

"정말 아름답다."

개구쟁이 소천은 빨갛게 타오르는 불꽃을 쳐다보며 그렇게 중얼거렸습니다.

소천은 간혹 아름다운 것을 보면 그렇게 넋을 놓고 바라보는 버릇이 있었습니다.

소천은 나뭇가지를 더 밀어 넣었습니다.

불꽃의 아름다움에 취한 소천은 아궁이를 빠져 나온 불이 짚더미에 옮겨 붙은 것도 몰랐던 것입니다.

"불이야!"

갑자기 뒤에서 무슨 소리가 들려왔습니다.

불길은 삽시간에 부엌 가득 번졌습니다.

정신을 차린 소천은 깜짝 놀라고 말았습니다.

불길은 무섭게 번지고 있었습니다.

자욱한 연기 때문에 숨조차 쉴 수 없었습니다.

"엄마!"

소천은 겁에 질려 큰 소리로 울었습니다.

불길을 빠져 나갈 용기도 나질 않았습니다.

불은 벌써 부엌을 가득 에워싸고 있었습니다.

소천은 숨이 막혀 그 자리에서 정신을 잃고 말았습니다.

정신을 차렸을 때는 어느 새 방 안이었습니다.

눈을 뜨자 걱정스런 표정으로 어린 소천을 내려다보는 어머니의 얼굴이 제일 먼저 보였습니다.

"아이고, 살았구나!"

어머니는 너무 기뻐서 소천을 안고 울음을 터뜨렸습니다.

그렇게 혼이 났으면서도 소천의 장난기는 멈출 줄 몰랐습니다.

뭔가 신기한 것을 보고 호기심이 발동하면 넋을 잃고 덤벼들고는 했습니다.

아름다운 것을 보면 더 더욱 그랬습니다.

빨갛게 물든 노을을 보고 있다가

날이 저무는 것도 모를 때가 많았습니다.

또 한번은 아름다운 새 소리를 찾아 혼자서 산에 올라갔다가 길을 잃

은 적도 있었습니다.

하루 종일 냇가에 앉아 송사리며 소금쟁이들이 노는 것을 구경하기도 했습니다.

"도대체 무엇이 되려고 저럴까?"

부모님의 걱정은 이만저만이 아니었습니다.

그렇게 개구쟁이였지만 소천은 한편으로는 책벌레이기도 했습니다.

한번 책을 읽기 시작하면 다 읽을 때까지 손에서 놓지 않았습니다.

일찍 신식 문명에 눈을 뜬 할아버지와 부모님 덕분에 좋은 책을 많이 볼 수 있었습니다.

밥을 먹는 것도 잊은 채 책에 빠져 있다가 부모님께 꾸중도 많이 들었지만 소용이 없었습니다.

"오랫동안 책을 보는 것은 좋지 않단다. 눈도 나빠지고 몸도 허약해진단다."

"조금만 더 볼게요."

"안 돼!"

그러나 소천은 어머니 눈을 피해 기어이 그 책을 다 읽었습니다.

소천이 열한 살 되던 해에 고원읍으로 이사를 갔습니다.

미둔리에는 학교가 없었기 때문이었지요.

고원읍에서 초등학교를 졸업하고 소천은 함흥에 있는 영생고보에 들어갔습니다.

영생고보에 입학한 후부터 소천은

타고난 소질을 아낌없이 발휘하기 시작했습니다.

열여섯 살인 고보 1학년 때부터 동시를 아동잡지에 발표하고는 했던 것입니다.

일본의 횡포는 날로 심해져 갔습니다. 민족 정신을 말살하려는 정책을 쓰면서 우리말부터 못 쓰게 했습니다.

학생들은 학교에서 우리 나라 말을 마음대로 쓸 수 없었고 글도 자유롭게 읽을 수가 없었습니다.

"동시만 써서는 안 돼. 이제부터는 동화도 쓰는 거야."

동시보다는 동화를 써야 자라나는 어린이들에게 더 유익한 이야기를 해줄 수 있을 것 같았습니다.

 우리 나라가 얼마나 좋은 나라이고 왜 우리가 일본으로부터 해방이 되어야 하는지에 대해 동화로 표현하면 더 많은 어린이들이 읽고 이해할 수 있을 것 같았습니다.

 일제의 탄압이 거세질수록 소천의 분노는 깊어만 갔습니다.

 그래도 그 때까지는 '조선어 독본' 이라는 우리 말과 우리 글을 배우는 수업 시간이 따로 있었습니다.

 그러나 일제는 그 조선어 독본 시간마저도 없애 버렸습니다.

 소천의 실망과 울분은 이루 말할 수 없이 컸습니다.

 4학년 겨울 방학이 되자 소천은 집

으로 돌아갔습니다.

 이제 소천은 개구쟁이 소년이 아니었습니다.

 하루 종일 방 안에 앉아 뭔가 골똘히 생각에 잠기는 의젓한 청년이 되었습니다.

 "나라를 위해 무엇을 할 수 있을까?"

 청년 소천의 가슴에는 오로지 그 생각밖에 없었습니다.

 듣지 않으려고 애를 써도 일제의 만행 소식은 속속들이 소천의 귀에까지 전해져 고향에서의 겨울이 더 춥게 느껴졌습니다.

 방학이 끝났지만 소천은 학교로 돌아가지 않았습니다.

"우리 말과 우리 글을 쓸 수 없는 학교로 돌아갈 수는 없어. 나라 말을 잃어버린 채 공부는 해서 뭘 한단 말인가."

학교로 돌아가지 않는 대신 소천은 북간도로 떠났습니다.

그 곳에 가면 오히려 나라를 위해 무엇을 할 것인지 정확하게 파악할 수 있을 것 같았습니다.

북간도에는 조선 사람들이 많이 살고 있었습니다.

이 곳에서 소천은 그 유명한 동시를 지었답니다.

물 한 모금 입에 물고
하늘 한 번 쳐다보고,

또 한 모금 입에 물고
구름 한 번 쳐다보고.

 잠시도 가만히 있지 않고 열심히 먹이를 찾아 다니는 병아리를 보면서 지은 시였지요.
 그 아름다운 동시는 아동 잡지 〈소년〉 창간호에 실렸습니다.
 1936년, 소천이 스물두 살 때였지요.
 그 동시를 발표한 이후에 강소천의 이름은 널리 알려지게 되었습니다.

다음 해 소천은 1년 만에 고향으로 돌아왔습니다.

"소천아, 모든 일에는 시작이 있듯이 끝도 있는 법이란다. 남은 한 학년을 마저 마치는 것이 어떻겠냐? 나라 잃은 설움에만 빠져 있는 것이 좋은 것만은 아니다. 하루라도 빨리 학문을 배우고 깨우쳐 나라에 보탬이 되는 것도 좋지 않겠느냐."

아버지는 소천에게 학업을 마칠 것을 권유했습니다.

"예, 아버지. 그렇게 하겠습니다."

소천은 아버지의 말씀을 따르기로 하였습니다.

학교에 다시 들어간 소천은 묵묵히 남은 일 년을 마쳤습니다.

마침내 영생고보를 졸업한 소천은 동시나 동요를 열심히 써서 신문과 잡지에 발표했지요.

누구나 소천의 동시와 동요를 좋아했습니다.

1939년, 소천은 처음으로 동화를 한 편 썼습니다. 〈돌멩이〉라는 동화였습니다.

비록 우리 말과 우리 글은 일본에 빼앗겼더라도 정신만은 절대 빼앗기지 않았다는 뜻으로 지은 뜻깊은 동화였습니다.

돌멩이― 몇 백 년 봄을 맞이해도 싹 나지 않고 잎 피지 않는 돌멩이.

나― 나는 이런 커다란 돌멩이가 되

기보다는 조그마한 한 개의 밀알이 되고 싶다.

아무래도 나는 이 냇가에 굴러 다니는, 돌보다 조그마한 한 개의 밀알이 되고 싶다.

아무래도 나는 이 냇가에 굴러 다니는 아무 쓸데없는 물건인가 보다. 누가 나를 들어다 영이네 집 토방 돌로 만들어 주었으면 좋으련만…….

나는 한 개의 쓸 수 있는 물건이 되어 보고 싶다. 벌써 버들가지에 물이 오르는가 보다. 아이들의 버들피리 소리가 들려온다. 확실히 봄이 왔구나, 봄이…….

아아, 나는 한 가지의 버들이라도 되었으면 얼마나 좋겠느냐? 나는 노래할 수 있으리라.

　봄이다.

　나도 눈 트고 싶다.

　나도 자라고 싶다.

　아아, 갑갑하다. 아아, 답답하다.

　나는 돌멩이다.

　소천의 꿈은 어린이들을 위한 글을 마음껏 쓰는 것이었습니다.

　그는 계속해서 많은 동화를 남겼습니다.

　한편 소천이 스물일곱 살 되던 해인 1941년에는 첫 동요 시집 〈호박꽃 초롱〉을 발표하였습니다.

　호박꽃을 따서 무얼 만드나

무얼 만드나
우리 아기 조그만 초롱 만들지

반딧불을 잡아선 무엇에 쓰나
무엇에 쓰나
우리 아기 초롱에 촛불 켜 주지
촛불 켜 주지

 소천은 아이들의 어두운 마음에 촛불을 켜 주고 싶어 이 동요를 지었던 것입니다.
 1945년 우리 나라는 마침내 해방이 되었습니다.
 소천의 나이 서른한 살 때였지요.
 소천의 기쁨은 이루 말할 수 없이 컸습니다.

우리 말과 글을 마음껏 사용할 수 있었기 때문입니다.

해방 후 북쪽으로는 소련군이, 남쪽에는 미군이 들어왔습니다.

북한에는 김일성이 정부를 세웠습니다.

김일성은 신앙의 자유를 인정하지 않았지요.

재산이 많은 사람들을 잡아 가기도 했습니다.

소천의 집안은 북한에서 재산이 많은 대지주였습니다.

기독교를 믿어 온 집안이라 더 탄압이 심했습니다.

소천의 가족들은 언제 잡혀갈지도 모를 불안감에 시달리며 하루하루를 살아야 했습니다.

 1950년 급기야 육이오 전쟁이 일어났습니다.

 소천은 가족을 두고 홀로 남쪽으로 내려와야만 했습니다.

 미처 가족들을 만날 틈도 없이 홀로 내려왔던 것입니다.

 그 때부터 소천의 고생은 시작되었습니다.

 산에서 나무 베는 일도 했고 생선 장수도 했지요.

 글밖에 쓸 줄 모르는 소천에게 그런 현실은 너무도 힘겨운 것이었습니다.

 그러나 한번도 좌절하지는 않았습니다.

언제라도 어린이를 위한 글을 많이 쓸 수 있다는 희망에 들떠 있었으니까요.

전쟁통이라 고아가 된 어린이들이 많았습니다.

그런 아이들을 볼 때마다 소천의 마음은 찢어질 듯 아팠습니다.

"그래, 어린이들에게 꿈과 희망을 줄 수 있는 글을 쓰자!"

어느 날 소천은 어린이들이 뛰노는 모습이 보고 싶었습니다.

그래서 무작정 근처의 어느 초등학교를 찾아갔지요.

그 학교 교장 선생님이 초라한 모습의 소천을 우연히 발견했습니다.

그는 소천이 부랑아인 줄 알고 쫓

아 내려고 했습니다.

"저는 강소천이라 합니다. 밝은 얼굴로 뛰노는 아이들이 보고 싶어 찾아왔습니다."

그 교장 선생님은 소천이라는 이름을 듣고 깜짝 놀랐습니다.

교장 선생님은 소천의 두 손을 덥석 잡았습니다.

"선생님 작품을 읽고 참으로 감탄했습니다. 몰라 뵈서 죄송합니다."

'남쪽에서도 내 이름을 알고 있구나!'

소천은 자신의 이름을 알고 있는 사람이 이 곳에도 있다는 사실이 너무도 기뻤습니다.

"선생님이 쓰신 작품을 빠뜨리지

않고 챙겨 보고 있었습니다. 앞으로도 어린이들을 위해 더 좋은 글을 써 주십시오."

교장 선생님은 간곡하게 부탁했습니다.

그 일을 계기로 소천은 다시 글을 쓰기 시작했습니다.

꽁꽁 언 손을 호호 불어가며 쓰고

또 쓰느라 배 고픈 줄도 모르고 날을 밝혔습니다.

 1952년 여름, 소천은 첫 동화집〈조그만 사진첩〉을 펴냈습니다.

 1953년에는 두 번째 동화집〈꽃신〉을, 이어 세 번째 동화집〈진달래와 철쭉〉도 펴냈습니다.

 소천은 우리 말과 글을 빼앗겨 본 경험이 있었습니다.

 그래서 우리 말과 글에 대한 사랑이 유별났습니다.

 "배우고 쓰기 쉬운 우리 글이 있는데, 무엇 때문에 어린이들에게 그 어려운 한문을 굳이 가르치는가? 한글만 가지고도 얼마든지 그 뜻을 알 수 있는데⋯⋯. 이 세상에 우리 글

만큼 훌륭한 글은 없다."
 그의 이런 말에는 한글에 대한 사랑이 잘 나타나 있습니다.
 그가 동화를 쓴 목적도 어린이에 대한 사랑 때문이었습니다.
 동화를 써서 어린이들에게 사랑을 가르치고 싶었습니다.
 동화집으로는 〈꿈을 찍는 사진관〉, 〈종소리〉, 〈대답 없는 메아리〉, 〈어머니의 초상화〉 등이 있습니다.
 강소천은 1963년 간암으로 세상을 떠나고 말았습니다.
 그 해 5월 20일, 그에게 문예상 본상이 주어졌습니다.
 1965년 많은 문학가들과 그의 부인 최수정은 '소천 아동문학상'을 만들었지요.

1985년 10월 19일 문화의 날에는 국민훈장 대통령 금관 문화훈장이 소천에게 돌아가기도 했습니다.

지금도 우리가 즐겨 부르고 있는 많은 동요들 속에는 어린이를 사랑하는 강소천의 마음이 가득 담겨 있답니다.

나의 소원은 대한 독립

백범 김구

"자, 엿이요. 엿들 사요!"

대낮입니다.

쨍그랑거리는 엿 장수의 가위 소리가 요란합니다.

구성진 엿장수 아저씨의 목소리만 들어도 아이들은 군침을 삼킵니다.

하지만 선뜻 엿을 사 먹을 수 있는 형편이 못 됩니다.

어느 새 엿장수는 창암의 집 앞을 지나고 있었습니다.

"엿이요! 엿! 떨어진 신발, 부러진 숟가락, 구멍 뚫린 냄비 모두 받습니다. 엿이요, 엿!"

다섯 살바기 개구쟁이 창암은 대문 옆에 서서 침을 꿀꺽 삼킵니다.

엊그제는 어머니 신발을 주고 엿을

바꿔 먹었다가 야단을 맞았습니다.

 남들 같으면 벌써 버렸을 신발을 어머니는 몇 번이나 꿰매고 붙여서 신으셨습니다.

 그만큼 창암의 집은 가난했습니다.

 그런데 그렇게 아끼는 고무신을 창암이가 냉큼 갖다주고 엿을 바꿔 먹어 버린 것입니다.

 "꼬마야, 오늘은 엿 안 사 먹냐?"

 짓궂게도 아저씨는 창암을 놀려댑니다.

 "안 먹어요!"

 창암은 빠르게 말하고는 얼른 대문 안으로 도망칩니다.

 하지만 구성진 아저씨의 목소리가 골목을 다 빠져나가기도 전에 다시 뛰어 나갑니다.

"왜 엿 주랴?"

아저씨는 싱글벙글 웃으며 약올리듯이 묻습니다.

창암은 안으로 뛰어 들어갑니다.

그리고 다시 나타난 창암의 양손에는 놋수저와 젓가락이 들려 있었습니다.

창암은 백범 김구 선생의 어릴 적 이름이었습니다.

백범 김구 선생은 소문난 개구쟁이였지요.

친구들을 몰고 다니며 전쟁놀이를 할 때면 창암이 늘 대장이었습니다.

아이들은 창암의 지시를 잘 따랐습니다.

부모님 몰래 엿이나 사탕을 사더라도 절대 혼자 먹지 않았습니다.

오히려 친구들에게 몽땅 양보하는 편이었습니다.

그래서 애들은 창암을 더욱 따랐습니다.

어느 날 아버지가 돈 주머니를 아랫목 이부자리 속에 살며시 숨겨 두었습니다.

창암은 우연히 그 장면을 보게 되었습니다.

'아, 저걸로 떡을 사서 친구들과 나눠 먹으면 좋겠구나!'

창암은 집 안 사람들이 모두 밖으로 나가기만을 기다렸습니다.

드디어 아버지, 어머니가 밖으로

나가셨습니다.

"됐다!"

창암은 재빨리 그 돈을 꺼내 밖으로 뛰어나갔습니다.

떡을 받아들고 좋아할 친구들 얼굴이 먼저 떠올랐습니다.

떡 집은 그다지 멀지 않은 거리에 있었습니다.

"이 놈! 이 많은 돈이 어디서 난 거냐?"

어린 창암으로부터 돈을 받아든 떡 집 할아버지는 놀라 그렇게 물었습니다.

얼마를 주어야 떡을 살 수 있는지 몰라서 들고 있는 돈을 몽땅 내놓고 떡을 달라고 했던 것입니다.

"저……."

창암은 말을 더듬었습니다.

"이 놈, 말을 못 하는 것을 보니 나쁜 짓을 했구나?"

할아버지 손에 이끌려 집으로 돌아온 창암은 아버지로부터 심하게 야단을 맞았습니다.

그런 아들을 보면서 어머니는 몰래 눈물을 흘렸습니다.

이제 창암의 나이도 서서히 학문을 배워야 할 때쯤이었습니다.

하지만 아버지는 창암의 교육에 별 관심이 없었습니다.

호탕한 성품에 술과 친구를 좋아한 탓에 늘 밤늦게 집으로 돌아오고는 했습니다.

하루는 큰 싸움이 벌어졌습니다.
"창암이가 해주에서 태어났다며? 우리 해주 놈 한번 혼내 줄까?"
어느 날 평소 창암을 미워하던 아이들이 갑자기 대들었습니다.

아무 이유도 없이 창암은 호되게 맞았습니다.

까닭없이 맞는다는 것이 억울해 죽을 힘을 다해 대들었지만 상대편 아이들은 너무도 숫자가 많았습니다.

하지만 포기하지 않고 맞서 싸우는 창암에게 질린 아이들은 결국 도망을 치고 말았습니다.

'힘 없이 당하고만 있는 것보다 맞설 수 있는 용기가 필요해!'

그 날 창암은 값진 교훈 하나를 배운 셈이었습니다.

"이제 그만 공부를 해야겠다. 싸움질이나 하고 다니면 나중에 뭐가 되겠니? 오늘부터 바깥 출입을 줄이고 이 에미와 공부를 하자."

코피를 흘리며 들어서는 아들을 보며 어머니는 단호하게 말했습니다.

그 날부터 창암은 열심히 공부하기 시작했습니다.

한글을 배우게 되면서 이야기 책도 읽을 줄 알게 되었지요.

워낙 머리가 좋아 천자문을 줄줄 욀 정도였습니다.

"창암아, 우리 집안은 신라 마지막 임금 경순왕의 후손으로 안동 김씨의 양반 가문이란다. 그러나 선조께서 역적으로 몰리는 바람에 숨어서 살아야 했단다. 너에게도 그 옛날 왕족의 피가 흐르고 있단다."

아버지는 이따금 기분이 좋을 때면 그런 말을 들려주고는 하셨습니다.

창암은 공부를 열심히 해서 집안을 다시 일으키리라 결심하였습니다.

그러던 어느 날 창암의 집안에 슬픈 일이 생겼습니다.

아버지께서 갑자기 병이 드신 것입니다.

"아버지 병을 어떻게든 고쳐야 한다. 이 에미는 아버지 병을 다 고치기 전까지는 집에 돌아오지 않을 것이다."

그 때부터 부모님은 떠돌이 생활을 하셨습니다.

용하다는 의원에 대한 소문을 들으면 아무리 멀어도 찾아갔습니다.

홀로 남은 창암은 큰아버지 댁에 맡겨졌습니다.

어머니는 큰집에 있으면서도 학문을 게을리 해서는 안 된다고 타일렀지만 그럴 형편이 못 되었습니다.

어린 마음에도 큰아버지께 신세를 지는 것 같아 죄송했습니다.

그래서 집안 일에 보탬이 되는 일을 찾아 했습니다.

어머니의 눈물어린 정성 덕분이었을까요? 아버지의 병은 깨끗이 나았습니다.

그런 많은 시련들이 창암을 꿋꿋하고 슬기로운 청년으로 자라도록 해 주었습니다.

열일곱 살 되던 해 창암이란 아명 대신에 창수라는 이름으로 바꾸었습니다.

창수는 그 해 과거를 치르러 길을 떠났습니다.

"기울어진 집안을 일으켜 세우려면 과거를 보아야 해. 나는 반드시 급제를 해서 돌아올 것이다."

창수의 다짐은 대단했습니다.

고종 29년인 1892년 해주에서 경과가 열렸습니다.

경과란 나라에 경사가 났을 적에 임시로 보는 과거랍니다.

하지만 그 해에 치렀던 경과는 우리 나라에서 마지막으로 열린 과거가 되었습니다.

"이보게 창수, 내 글을 그대로 베끼면 자네는 반드시 급제할 걸세."

창수를 아끼는 선배 한 사람이 그

렇게 말했습니다.

'그래, 저 형님은 대단한 실력가이셔. 그러니까 베껴 내기만 해도 나는 급제할 수 있을 거야. 집안을 일으켜 세우는 건 물론이고 지금보다 더 학업에만 열중할 수 있을 거야.'

많은 생각들이 창수의 머리 속을 어지럽혔습니다.

하지만 창수는 세차게 고개를 가로저었습니다.

'그렇게 비겁하게 해야 할까? 그 다음에 내게 남는 건 무엇일까? 그것은 부끄러운 치욕이 아닌가.'

그 날 급제한 사람의 명단 속에 창수의 이름은 빠져 있었습니다.

낙방은 했지만 창수는 조금도 부끄

럽지 않았습니다.

오히려 자랑스러운 기분으로 시험장을 빠져나왔습니다.

출세보다 양심을 지킨 자기 자신이 대견스러웠던 것입니다.

열여덟 살 되던 해에 창수는 아버지의 승낙을 받고 동학에 들어갔습니다.

동학은 인내천 사상을 중심으로 하늘의 뜻을 받드는 서민들의 종교였지요.

동학에서도 창수의 능력은 뛰어났습니다.

사람들은 나이는 어리지만 모든 일에 최선을 다하는 창수를 칭찬했습니다.

"저런 청년이 많다면 우리 나라는 아주 잘 될 거야."

"저렇게 부지런하고 영리한 청년은 처음 봤네."

창수는 동학 접주(동학 교구의 책임자)가 되었습니다.

접주가 된 창수는 더 열심히 교도들을 지도하였습니다.

나이가 어린 탓에 애기 접주라는 별명을 얻기도 했습니다.

이듬해에 전라도 고부에서 녹두장군 전봉준을 중심으로 동학 교도들이 군사를 일으켰습니다.

그 고을 원님이 동학 교도의 가족 모두를 잡아들이고 재산까지 빼앗았기 때문이었습니다.

"더 이상 참을 수가 없다!"

"우리가 굶어죽지 않으려면 뭉쳐야 한다!"

창수가 앞장 섰습니다.

비록 나이는 어렸지만 용기와 결단력은 남보다 뛰어났습니다.

창수는 황해도 동학군의 선봉장이 었습니다.

선봉장이 된 창수는 밤낮으로 동학군을 훈련시켰습니다.

하지만 걱정이 이만저만이 아니었습니다.

숫자는 많아도 앞서 싸울 수 있는 장수가 부족했습니다.

창수는 구월산을 훈련장으로 선택했습니다.

산이 워낙 험하고 기슭이 넓어 군사 훈련에는 아주 적합한 장소였습니다.

"좋아, 그 곳에서 교도들을 훈련시켜 훌륭한 장수로 키우는 거야."

창수는 자신만만했습니다.

하지만 그 많은 노력은 물거품이 되고 말았습니다.

전봉준이 체포되고 만 것입니다.

교도들은 전봉준이 체포되자 모두 힘을 잃고 말았습니다.

그와 동시에 동학의 불씨도 꺼져 버렸습니다.

창수는 너무도 슬펐습니다.

하지만 어쩔 도리가 없었습니다.

사람들은 벌써 뿔뿔이 흩어진 뒤였

습니다.

일본의 횡포는 날이 갈수록 거세져만 갔습니다.

일본인들을 몰아내지 않는다면 나라의 어둠은 영원히 걷힐 것 같지 않았습니다.

"장차 민족에 큰 보탬이 되는 인물이 되리라. 우선은 넓은 중국으로 건너가 많은 것을 배우고 익히자."

창수는 중국으로 떠날 결심을 했습니다.

그러나 뜻밖에도 놀라운 소문이 나돌았습니다.

"명성왕후가 일본놈들 칼에 찔려 돌아가셨다!"

"미우라 고오로라는 일본 무사 놈

이 왕비님을 무참히 찔러 죽였다!"

창수는 치를 떨었습니다.

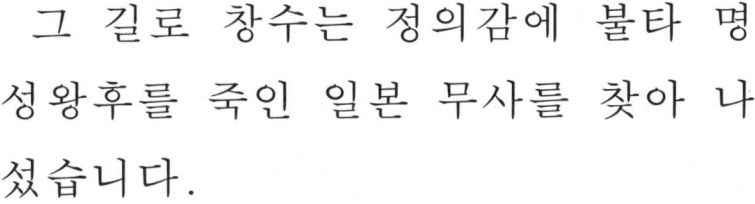

"내 무슨 수를 써서라도 국모를 시해한 놈을 없애고 말리라!"

그 길로 창수는 정의감에 불타 명성왕후를 죽인 일본 무사를 찾아 나섰습니다.

놈이 치하포라는 곳에 숨어 있다는 소문이 들렸습니다.

그러나 치하포로 가는 도중에 심한 풍랑을 만났습니다.

하마터면 창수는 물고기 밥이 될 뻔했습니다.

간신히 강 건너 언덕에 도착한 창수는 근처 뱃사공의 집으로 들어갔습니다.

"허허, 웬 놈의 날씨가 이리도 사납담."

"그러게 말입니다."

비쩍 마른 남자 한 명이 창수의 말에 대꾸했습니다.

하지만 창수의 예리한 눈은 그 사람의 행색을 놓치지 않았습니다.

장사꾼 복장을 하고 있었지만 어딘지 모르게 일본인 같다는 느낌을 받았습니다.

"한데, 댁은 무슨 장사를 하시오?"

"아, 저는 소금 장사 올시다!"

"소금 장사라? 한데, 고향은 어디

십니까?"

"아, 저 고향은 장연이고, 성은 정씨입니다."

그 남자는 말을 더듬었습니다.

'저 말투는 장연 사람의 말투가 아닌데…….'

그 때였습니다.

그 남자의 두루마기 밑으로 일본 군인의 칼이 내비치는 것이 아니겠습니까.

'아, 이 놈이 왕후를 죽인 미우라 고오로구나! 이 놈을 죽여서 나라의 수치를 씻으리라!'

"이 놈!"

창수는 하늘이 무너지는 듯한 우렁찬 소리를 내지르며 남자의 앞가슴을 걸어찼습니다.

그 남자는 차고 있던 칼을 급히 뽑아들고 창수에게 휘둘렀습니다.

창수는 빠르게 칼날을 피하면서 그 사나이의 옆구리를 걸어찼습니다.

"이 놈! 하늘이 너를 용서하지 않을 것이다!"

창수는 칼을 빼앗아 놈을 찌르고 말았습니다.

이 사건으로 인해 창수는 감옥에 끌려갔습니다.

살인 강도라는 죄명으로 사형수가 되었습니다.

같은 감방의 죄수들은 창수를 무척 존경했습니다.

비록 죄수들이었지만 일본인에 대

한 증오심은 다를 바 없었지요.

"이봐, 창수. 그 날 국모를 시해한 놈을 때려 잡은 얘기를 다시 해 주겠나?"

같은 감방의 사람들은 날마다 창수에게 그 날의 얘기를 해달라고 조르곤 했습니다.

"창수, 자네는 이 곳에 묶여 있어서는 안 되네. 자네는 이 곳을 벗어나 민족을 위해 싸워야 해!"

같은 감방의 사람들은 창수를 탈옥시키려고 했습니다.

결국 치밀한 준비 끝에 창수는 탈옥에 성공했습니다.

창수라는 본명으로 행세하기가 불편하여 이름을 아홉 '구'자로 고쳤

습니다.

 김구라는 이름은 이 때부터 생긴 것입니다.

 그리고 기미년 3월에 백범 김구는 중국으로 떠났습니다.

 중국의 상하이에는 대한 민국 임시 정부가 위치해 있었습니다.

 대한 민국 임시 정부는 당시 독립 운동의 심장부였습니다.

 그 곳에는 많은 독립 운동가들이 모여 있었습니다.

 백범은 안창호 내무 총장을 찾아가 꾸벅 인사를 했습니다.

 "선생님, 제가 이 곳에서 일하도록 해 주십시오! 임시 정부의 문지기라도 좋으니 시켜만 주십시오."

안창호 선생은 김구를 유심히 살펴 보았습니다.

"자네같은 대장부가 문지기를 해서야 되겠나. 우리 한번 조국을 위해 힘껏 일해 보세!"

이렇게 해서 백범은 임시 정부의 요원이 되었습니다.

백범의 결단력과 총명함은 그 곳에서도 빛을 발휘하였지요.

1927년 11월 백범 김구는 국무령으로 선출되었습니다.

국무령은 임시 정부의 최고 수령을 말합니다.

백범은 무엇보다도 세계 만방에 일본의 만행을 알리고 싶었습니다.

그리고 우리 민족의 힘이 얼마나

대단한지 보여 주고 싶었습니다.

 김구는 '한인 애국단'을 조직하였습니다.

 어느 늦은 밤에 애국단에 한 젊은이가 문을 두드렸습니다.

 이 젊은이가 바로 이봉창 의사였답니다.

 "앉게나. 자네의 임무는 이미 알고 있겠지?"

 "알고 있습니다, 선생님. 하늘이 두 쪽 나는 한이 있더라도 일을 성사시키겠습니다."

 "이번 임무가 성공하면 왜놈들도 우리를 더 이상 얕보지 못할 걸세."

 이렇게 하여 이봉창은 일본 천황을 암살하려는 뜻을 품고 동경으로 떠났습니다.

운명의 시간!

이봉창은 사쿠라다 문 앞에서 일본 황제를 향해 폭탄을 던졌지만 불행히 암살에는 실패하고 말았습니다.

그리하여 1932년 10월 10일에 이봉창 의사는 일본 감옥의 단두대에서 목이 잘리고 말았습니다.

그 날, 백범은 애국단 단원들과 함께 단식하며 그의 죽음을 슬퍼했습니다.

그 후에도 백범은 포기하지 않고 애국단원들에게 새로운 임무를 내렸습니다.

4월 29일, 홍코우 공원에는 일본의 고위 관료들이 모여들었습니다.

일본 천황의 생신을 축하하기 위해서였습니다.

한 젊은이가 긴장한 채 시계를 살폈습니다.

백범이 파견한 윤봉길이란 청년이었습니다.

"50분, 아직 10분 남았군. 내 꼭 임무를 완수하리라."

예정된 12시가 다 되어가고 있었습니다.

윤봉길은 심호흡을 했습니다.

망설이지 않고 가슴에 숨겨 둔 폭탄을 꺼내 들었습니다.

그리고 축하장 한가운데를 향해 힘껏 달렸습니다.

콰과광!

식장은 순식간에 아수라장이 되었습니다.

일본의 많은 고위 관리들은 피를 흘리며 쓰러졌습니다.

이 사건을 윤봉길 의사의 '홍코우 폭탄 사건'이라고 합니다.

백범의 지시에 의한 이 의거는 독립 운동사에 길이 남을 만한 일이었습니다.

이 사건은 일본인의 간담을 서늘하게 만들었습니다.

그리하여 1945년 8월 15일, 일본이 항복했다는 기쁜 소식이 백범에게 전해졌습니다.

그보다 더 기쁜 일은 있을 수 없었습니다.

"가자. 고국으로 돌아가 새로운 정부를 위해 일하면서 백성들을 보살피자."

 백범은 망설이지 않고 고국 땅으로 돌아왔습니다.

 27년 만이었습니다.

 그러나 해방의 기쁨도 정말 순간이었습니다.

 나라가 두 동강이 난 것입니다.

 북쪽과 남쪽으로 갈라지고 말았습니다.

 "그럴 순 없다! 어떻게 되찾은 조국인데, 두 동강이라니!"

 백범은 좀체로 잠을 이룰 수가 없었습니다.

 "안 되겠다. 내가 북쪽으로 넘어가

그 쪽 대표와 담판을 지으리라!"
　조국을 통일해야 한다는 결심으로 김구는 북한으로 넘어갔습니다.
　언제 죽을지 모를 만큼 위험한 일이었지만 김구는 조금도 두려워하지 않았습니다.

 하지만 김구의 노력에도 불구하고 나라는 결국 두 동강이 나고 말았습니다.

 1949년 6월 26일 12시 50분경, 참으로 슬픈 일이 일어났습니다.

 하늘을 울리는 총소리와 함께 백범 김구의 몸이 힘없이 땅바닥으로 쓰러졌던 것입니다.

 겨레의 큰 별은 그렇게 떨어지고 말았습니다.

 백범 선생은 일평생 조국의 광복을 위해 온 열정을 쏟으신 분입니다.

 〈백범일지〉에는 다음과 같은 구절이 있습니다.

만약 하느님이 "네 소원이 무엇이냐?"라고 물으시면, "내 소원은 대한의 독립입니다!"라고 대답할 것입니다.

만약 하느님이 두 번째 소원을 물으시면,

"내 소원은 대한의 자주 독립입니다!"라고 외칠 것입니다.

그리고 마지막 소원을 물으신다면,

"내 소원은 대한의 완전한 자주 독립입니다!"라고 할 것입니다.

훈민정음을 만든

세종 대왕

세종 대왕은 1397년 음력 4월 10일에 태종 임금의 셋째 아들로 태어났습니다.

어릴 적 세종 대왕의 이름은 원정이고 아버지 태종이 즉위해 왕자가 된 후에는 충녕으로 불렸지요.

첫째 왕자인 양녕과 둘째 왕자인 효령도 영리하였지만 셋째 왕자인 충녕은 아버지 태종과 어머니 원경 왕후를 항상 감탄하게 하고는 했습니다.

"세상에서 제일 큰 것이 무엇이겠느냐?"

어느 날 태종과 원경 왕후는 세 아들을 앉혀 놓고 물었습니다.

양녕과 효령은 잠시 어리둥절해 했

습니다.

하지만 충녕은 자신있게 대답하였습니다.

"사람입니다."

"왜 그렇게 생각하느냐?"

태종이 물었습니다.

"사람은 자기보다 더 큰 것들을 다스릴 줄 알기 때문입니다."

그 날 감격한 것은 태종과 왕후만이 아니었습니다.

그 자리에 같이 있었던 양녕과 효령도 속으로 몹시 놀라워했습니다.

"그래, 충녕은 하늘이 내린 임금님이시다. 나보다 충녕이 훨씬 어진 임금이 될 거야."

그렇게 결심한 첫째 왕자 양녕은

태종 임금께 야단 맞을 짓만 골라서 했습니다.

허락도 없이 대궐 밖으로 나가 말썽을 부리거나 서슴없이 나쁜 친구들과 어울려 사냥을 다녔습니다.

글 공부는 뒤로 미룬 채 점점 태종 임금의 기대에서 멀어졌습니다.

"이 나라가 어찌 되려고 양녕이 저런단 말인가. 장차 임금의 자리에 올라야 할 세자가 저 모양이니 큰일이구나."

태종 임금의 걱정은 날로 커져 갔습니다.

하지만 효령은 형 양녕의 뜻을 너무도 잘 이해하고 있었습니다.

"그래, 형님은 충녕이 나라를 다스

려야 한다고 생각한 거야."

 어느 날 효령은 스스로 머리를 깎고 절로 들어가 버렸습니다.

 그 뒤로 양녕은 더 말썽을 피웠습니다.

 대궐 밖은 물론이고 대궐 안에서도 걷잡을 수 없을 만큼 나쁜 짓만 일삼았습니다.

 "제발 그러지 마십시오. 이제부터라도 말썽은 그만 피우시고 글 공부에 전념하십시오."

 이름 난 재상인 황희 정승이 양녕을 타일렀지만 소용이 없었습니다.

 "오늘부터 왕세자는 양녕이 아니라 충녕이 될 것이다!"

 몹시 화가 난 태종 임금은 마침내

양녕 대신 충녕을 왕세자 자리에 앉혔습니다.

이렇게 해서 충녕 대군은 조선 제4대 세종 임금이 된 것입니다.

어려서부터 사람이 가장 위대하다

고 여긴 세종 대왕은 왕이 되어서도 그 생각에는 변함이 없었습니다.

"나라를 잘 다스리자면 무엇보다 유능하고 훌륭한 인재가 많아야 해."

세종 대왕은 학문이 높고 똑똑한 인물을 뽑아 집현전에서 공부를 하게 했습니다.

집현전이란 '지혜의 집'이라는 뜻으로 나라에서 세운 학문 연구소입니다.

세종 대왕은 자나깨나 학자들 걱정뿐이었습니다.

건강을 지키지 않으면 큰일을 할 수 없다고 여기신 것이지요.

밤 깊은 어느 날, 세종 대왕은 문

득 집현전에 있을 학자들이 생각났습니다.

'긴 겨울 밤을 집현전의 학자들은 무얼 하며 보낼까? 내 한번 들러 보리라.'

집현전 뜰에는 칼 같은 바람이 불고 있었습니다.

밤은 깊어 어느 새 새벽이 가까웠습니다.

마침 신숙주란 학자가 글을 읽고 있었습니다.

글 읽는 낭랑한 목소리는 집현전 안뜰 가득 울려 퍼졌습니다.

신숙주의 글 읽는 소리는 그칠 줄 몰랐습니다.

겨울 밤의 추위는 갈수록 매서워져

만 갔지요.

"상감마마, 이제 안으로 드시지요. 날씨가 차갑습니다."

곁에 있던 신하가 임금의 건강을 염려하여 말했습니다.

"쉿, 조용히 하거라! 내 저 방에 불이 꺼질 때까지 이 곳에 있겠노라!"

세종 대왕은 밤을 새워 공부하는 신하가 무척 고마웠습니다.

그래서 집현전 뜰을 떠날 수가 없었던 것입니다.

이윽고 동녘이 밝아 올 무렵에야 글 읽는 소리는 그쳤습니다.

"어허, 기특한지고. 내 겉옷을 벗어 잠들어 있는 신숙주에게 덮어 주어야겠구나."

이튿날 잠에서 깨어난 신숙주는 깜짝 놀랐습니다.

세상에, 임금님의 옷이 몸에 덮여 있는 게 아니겠습니까!

"아마도 임금님께서 내가 잠든 사이에 친히 덮어 주신 모양이구나."

너무도 감격한 신숙주의 두 눈에서는 눈물이 흘러 내렸습니다.

이처럼 세종은 학문과 학자들을 사랑했습니다.

어진 임금님은 백성들을 위해 항상 많은 애를 썼습니다.

덕분에 나라는 태평성대를 누렸습니다.

세종은 나라를 다스리는 근본을 백

성을 위하는 데 두었습니다.

 사소한 일에도 항상 백성부터 염려했습니다.

 해마다 봄이 되면 보릿고개가 있어 백성들이 몹시 굶주렸습니다.

 쌀, 보리가 없어 산에 가서 소나무 껍질을 벗겨 먹거나 들판에 나가 풀을 뜯어다 죽을 쑤어 먹었습니다.

 세종 대왕은 궁리 끝에 봄에 나라에서 곡식을 빌려 주고 가을 추수 후에 갚게 하는 제도를 마련하였습니다.

 백성들을 편안하고 배불리 살 수

있도록 하려면 농사가 잘 되도록 해야 했습니다.

세종 대왕은 〈농사직설〉이란 책을 펴냈습니다.

〈농사직설〉이란 계절에 따라 농사 짓는 방법을 자세히 설명해 놓은 책이랍니다.

그리고 측우기도 이 당시에 발명되었습니다.

측우기는 비가 오는 양을 재는 기구입니다.

비가 오는 양을 잴 수 있다면 농사에도 크게 도움이 되게 마련이지요.

물시계, 해시계도 만들었습니다.

한편 가난한 사람은 세금을 덜어 주고 재산이 많은 사람은 더 많이 내게 했습니다.

 조선통보라는 엽전을 만들어 물건을 사고 파는 데 쉽고 편리하도록 했습니다.

 그뿐만이 아닙니다.

 어느 해, 어떤 마을에 엄청난 불이 났습니다.

 재산은 물론이고 기르던 가축까지 모조리 타 버렸습니다.

 "불이 나면 재빨리 끌 수 있는 제도를 만들라."

 세종 대왕은 그 즉시 우물을 깊게 파게 하고, 길을 넓히라고 명을 내렸습니다.

 그러니까 현재의 소방서와 같은 곳이 생긴 것입니다.

세종 대왕은 나라를 지키기 위해 국방에도 힘을 쏟았습니다.

"나라 밖에서 오랑캐와 왜구가 들끓고 있구나. 어찌 백성들이 편안하게 지낼 수 있을 것인가. 이제부터는 무엇보다 국방을 튼튼히 해야겠구나."

세종은 김종서 장군에게 4군과 6진을 개척하도록 지시하였습니다.

이 일로 우리 나라의 북쪽 끝은 두만강과 압록강으로 정해졌지요.

세종 대왕은 음악에도 관심이 높았습니다.

우리 나라의 음악은 국악입니다.

그 당시 우리 나라가 사용하는 악기는 모두 중국을 통해 들여온 것들 뿐이었습니다.

당연히 우리 나라 사람들에게 잘 맞지 않았습니다.

세종 대왕은 박연을 시켜 우리 나라 고유의 악기를 만들게 했습니다.

어질고 훌륭한 임금이 나라를 잘 다스리니 태평한 세월은 계속되었습니다.

"올해도 풍년이구나!"

"그게 다 임금님을 잘 둔 덕이라네!"

백성들은 이토록 훌륭한 임금을 우러르고 따랐습니다.

그런데 세종 대왕은 오래 전부터

안타깝게 여겨오던 일이 하나 있었습니다.

"읽고 쓰는 글이 중국에서 건너온 것이라 백성들이 사용하는 데 어려움이 많구나. 사용하기에 편리한 우리 글자를 만들어야겠다."

한자는 양반이 아닌 일반 백성들이 사용하기엔 너무 어려웠습니다.

세종 대왕은 재주 있는 학자들을 불러 모았습니다.

그리고 그 학자들과 어울려 밤낮으로 한글에 대한 연구를 하였습니다.

한시도 쉬지 않았습니다.

모든 일이 순조로운 것만은 아니었습니다.

어느 날 최만리라는 학자가 상소를

올린 적이 있었습니다.

"폐하! 중국 문자를 가지고도 충분히 뜻을 표시할 수 있지 않습니까. 그런데 무엇 때문에 새삼스럽게 새로운 문자를 만드십니까?"

세종 대왕은 최만리에게 호통을 쳤습니다.

"우리 말을 중국의 문자를 빌어 기록하는 일이 부끄럽지도 않단 말이더냐? 또한 어찌하여 한 나라의 신하로서 그대는 한치 앞을 보지 못하는가? 이 일은 한자를 익히지 못한 일반 백성을 위한 일이 아니더냐!"

최만리는 얼굴이 새빨개져 아무 말도 못했습니다.

세종 대왕과 여러 학자들의 노력 끝에 1446년 새로운 글자가 빛을 보게 되었습니다.

"이 글자는 오래도록 백성들을 바

르게 이끌 것이니 '훈민정음'이라 하시오!"

그렇게 만들어진 훈민정음이 바로 지금 우리가 사용하고 있는 한글이랍니다.

세종은 임금이 된 지 31년째 되던 해 겨울부터 건강이 나빠졌습니다.

백성을 위한 나라 일에 너무 많은 신경을 쏟았던 탓입니다.

마침내 세종 대왕은 1450년 54세를 일기로 고요히 잠드셨습니다.

하지만 세종 대왕의 위대한 업적은 항상 우리 곁에 머물러 있습니다.

우리가 쓰고 읽는 한글을 통해 말입니다.

애국가를 작곡한

안익태

'동해물과 백두산이 마르고 닳도록 하느님이 보우하사 우리 나라 만세 무궁화 삼천리 화려 강산 대한 사람 대한으로 길이 보전하세.'

나라에 기쁜 일이나 슬픈 일이 생기면 우리 민족은 항상 애국가를 불렀습니다.

애국가는 우리 민족의 얼이 서린 노래라 할 수 있지요.

이 애국가를 만드신 분이 바로 안익태랍니다.

익태가 여섯 살 때 일이었습니다.

안익태의 가족들은 주일이 되면 교회에 나가곤 하였습니다.

익태도 형의 손을 잡고 교회에 나갔습니다.

그 때마다 익태는 무척이나 신이 났습니다.

"우리 익태가 무엇 때문에 이렇게 신이 났지? 하나님이 그렇게 좋으니?"

무등을 태운 형이 익태에게 물었습니다.

"형, 난 하나님보다 노래가 더 좋아! 교회에서 부르는 노래가 너무 좋아!"

"원 녀석도! 아무려면 하나님보다 노래가 좋을까."

익태는 교회의 찬송가에 흠뻑 빠져 있었습니다.

형이 찬송가를 부르면 곧잘 따라 불렀습니다.

그 모습이 어찌나 귀엽던지 목사님이나 선교사님도 익태를 사랑해 주셨습니다.

어린 시절 익태가 음악과 인연을 맺은 곳은 교회였습니다.

익태가 다니던 교회의 선교사님은 음악에 재주가 많았습니다.

아이들에게 피아노도 가르쳐 주었습니다.

특히 선교사는 어린 익태의 음악적 재능에 놀라워했습니다.

"익태야, 넌 음악을 무척 좋아하는구나. 자, 이제부터 내가 바이올린을 가르쳐 주마."

선교사의 가르침으로 익태는 일찍부터 음악적 재능에 눈을 뜰 수 있었습니다.

 일본 유학을 떠났던 형이 돌아오면서 첼로를 선물로 사다 주기도 하였습니다.

 익태가 음악가의 길로 들어설 수

있게 된 것도 그 첼로 덕분이라 할 수 있겠지요.

　안익태는 1905년 평안남도 평양시에서 태어났습니다.
　그리고 평양에서 평양 숭실 학교를 마치고 일본으로 건너갔습니다.
　젊은 익태는 일본 국립 음악 학교에서 공부했습니다.
　그 곳에서 본격적으로 첼로를 배웠지요.
　안익태는 음악 학교를 졸업하고 보다 깊이있는 음악을 공부하고 싶었습니다.
　그래서 미국으로 건너갔습니다.
　안익태는 미국에서 필라델피아 커

티스 음악 학교에 입학했답니다.

또, 신시내티 음악 학교로 진학해서 첼로와 작곡을 더 열심히 공부했습니다.

'미국은 고전 음악의 본고장이 아니야! 하루라도 빨리 유럽에 가서 새롭게 음악을 공부해야겠는걸!'

1936년 안익태는 꿈에도 그리던 유럽으로 건너가게 되었습니다.

1937년에 그는 리하르트 시트라우스의 제자가 되었습니다.

당시 우리 나라 애국가는 영국 민요에 가사를 덧붙인 것이었습니다.

조국을 사랑했던 안익태는 우리 나라의 애국가를 새롭게 작곡하고 싶어했습니다.

'우리 나라는 우리 나라에 맞는 애국가가 있어야 해! 새롭게 아름다운 애국가를 만들어 보리라.'

며칠 동안 익태는 밤잠을 이루지 못했습니다.

애국가의 악상을 생각해 내기 위해서였지요.

애국가를 만들며 큰 소리로 불러보기도 했습니다.

그러다 마음에 들지 않은 부분은 고치고 또 고쳤습니다.

오늘날 우리가 부르는 애국가는 이렇게 해서 만들어진 것입니다.

1939년에 안익태는 부다페스트 국립 음악 학교에서 공부했습니다.

거기에서 안익태는 지휘자로서 여

러 나라를 순례하였습니다.

교향악단의 연주가 안익태의 지휘로 이루어졌던 것입니다.

그 뒤 안익태는 영국의 로열 필하모닉, 이탈리아의 로마 교향악단을 지휘하기도 했습니다.

그의 명성은 날로 높아져 나중에는

각국의 유명한 2백여 교향악단을 지휘하기도 했답니다.

그러한 안익태에게 한 가지 원칙이 있었습니다.

'나는 자랑스러운 한국인이다. 비록 다른 나라의 교향악단을 지휘하지만 〈한국 환상곡〉을 제일 먼저 연주하리라.'

안익태는 우리 나라를 세계 만방에 알리고 싶었습니다.

그래서 그는 스스로 작곡한 〈한국 환상곡〉을 한 번도 빠짐 없이 연주했습니다.

1965년 7월 4일 런던 로열 알버트 홀에서는 뉴 필하모닉 교향악단에 지휘자로 초청되었습니다.

그 연주회에서도 안익태는 애국가를 연주했습니다.

그러나 이 해 여름 9월 17일 안익태는 세상을 떠났습니다. 스페인 바르셀로나 병원에서였답니다.

비록 그는 세상을 떠났지만 그를 사랑하고 기억하는 사람들은 너무도 많았습니다.

사람들은 그를 영원히 추억하고 싶어했습니다.

그리하여 1957년, 안익태는 문화포상을 받았습니다.

또 문화훈장 대통령장을 받기도 했답니다.

죽는 날까지 나라를 위하리!

유관

유관은 세종 때 청백리로 기록될 정도로 성품이 청렴하고 검소하였습니다.

유관의 청렴함에 대해서는 몇 가지 일화가 있습니다.

어느 날 태종은 조정의 대신들과 재상들이 어떻게 살고 있는지 몹시 궁금했습니다.

"여봐라. 나가서 대신과 재상들이 어떻게 살고 있는지 소상히 살펴보고 오도록 하라."

명령을 받은 몇 명이 대신과 재상의 집을 살펴보러 떠났습니다.

"그래, 살펴보았더니 어떻더냐?"

그 사람들이 돌아오자 태종 임금은 조급한 마음에 서둘러 물었습니다.

"전하, 유관 대감께서는 울타리도 없는 낡은 오두막 집에서 살고 계셨습니다."

이 말에 태종은 깜짝 놀랐습니다.

"한 나라의 판서가 오두막살이라니! 내 유 판서의 집을 새로 단장해 주리라."

그리하여 태종 임금은 밤 사이에 유관의 집에 울타리를 쳐 주라고 명령했습니다.

"절대 유 판서가 눈치를 채게 해서는 안 될 것이다. 만약 알게 되면 극구 사양할 테니 절대 눈치채지 못하도록 하여라."

다음 날입니다.

잠에서 깨어난 유관은 깜짝 놀랐습

니다.

집 둘레로 울타리가 빙 둘러쳐져 있는 것이 아니겠어요?

"누구 짓일까?"

유관은 잠깐 생각을 해보았습니다. 그러다 혼자 빙그레 웃었습니다.

혼자 힘으로 하룻밤 사이에 울타리를 칠 수는 없을 것입니다.

그렇다면 많은 사람들이 발소리를 죽여가며 일을 했다는 것이 됩니다.

"허허……."

유관은 웃음을 터뜨리고 말았습니다. 그리고는 여느 날과 마찬가지로 궁궐로 나갔습니다.

태종 임금이 자꾸 유관의 얼굴 표정을 살피었지만 그는 아무런 내색도 하지 않았습니다.
 '그것 참, 전혀 아무것도 모르는 사람 같구먼.'

태종 임금은 유관의 변함없는 태도에 다시 감탄을 했습니다.

울타리를 쳤다고 해서 다 해결된 것은 아니었습니다.

비가 오면 유관의 집은 야단이 납니다.

여기저기서 빗물이 뚝뚝 떨어져 옷이며 이불이 다 젖을 정도였습니다.

"빨리 대야를 갖다 놓아라. 빨리 그릇을 갖다 놓아라."

유관 부인은 비가 올 것 같으면 식구들에게 그런 말부터 했습니다.

그러나 정작 유관은 아무렇지도 않았습니다.

"우리는 집이 있어 비라도 피하지만 그도 없는 사람은 어디서 비를 피한단 말이오?"

 불평해대는 부인을 그런 식으로 타이르는 것이었어요.

 그렇게 유관의 성품은 대나무처럼 곧았습니다.

 유관은 항상 공정하게 정치를 해야 한다고 말했습니다.

 "절대로 권력이 있다고 해서 봐주고 가난한 백성이라고 억울한 일을 당하게 해서는 안 된다."

 유관은 관직 생활 내내 그 원칙을 지켰습니다.

 유관은 〈고려사〉의 수정 작업에도 참여했습니다.

 〈고려사〉는 정도전이 지은 역사책입니다.

유관은 자신이 옳다고 생각하면 절대 남의 눈치를 보지 않았습니다.

임금에게 상소를 올릴 때도 마찬가지였습니다.

그런 성품을 잘 알고 있는 태종은 너털웃음을 터뜨리고는 했습니다.

"참으로 겁 없는 신하 한 명을 두고 있구나."

유관은 자신이 옳다고 생각하면 임금도 두려워하지 않았던 것입니다.

태종 임금은 사냥을 좋아했습니다.

그 날도 사냥 준비를 하라는 명령을 받았습니다.

유관은 망설이지 않고 태종 임금 앞으로 나갔습니다.

"상감마마, 사냥은 낭비옵니다. 너

무 많은 사람들이 힘을 써야 하고 값비싼 물건들이 쓰여집니다. 모두 백성들의 피와 살인 세금으로 쓰는 것이온데 마땅히 사냥을 줄이셔야 합니다."

유관의 용감한 태도에 태종은 다시 감탄을 하였습니다.

유관은 세종 6년에 우의정 자리에 올랐습니다.

그 때 나이 일흔아홉이었습니다.

그러나 젊은 사람보다 더 열심히 일을 하였습니다.

1426년 여든한 살의 나이에 우의정 자리에서 물러났습니다.

물러났어도 여전히 나라 걱정에 잠 못 이뤘습니다.

어느 날 유관은 아침 일찍 세종 임금을 찾아갔습니다.

"아니, 유 대감이 어인 일이오?"

세종 임금은 유관을 보자 몹시 반겼습니다.

"상감마마, 이 몸은 아직 늙지 않았습니다. 제게는 아직 나라를 위해 일할 수 있는 힘이 있사옵니다. 그러니 제게도 매월 1일 전하를 뵙고 정사에 참여할 기회를 주십시오."

세종은 잠시 망설였습니다.

힘든 정치 일을 하기에 유관의 나이는 너무 많았거든요.

그러나 세종 임금은 손을 들고 말았습니다.

유관의 고집을 꺾을 수가 없었으니까요.

고령의 나이였지만 유관은 젊은 사람들이 놀랄 정도로 신선한 생각을 해냈습니다.

"매년 음력 3월 3일과 9월 9일은 나라의 축제일로 정하여 온 나라의 백성들이 술과 음악을 즐기도록 함이 좋을 듯싶습니다."

"그건 왜 그러오?"

세종 임금이 물었습니다.

"음력 3월 3일은 모내기가 끝나는

시기이고, 9월 9일은 추수가 끝나는 시기입니다. 이 시기에 백성들은 고단한 농사일에 지쳐 있을 터이니, 축제를 연다면 그들에게 활력을 줄 것이옵니다. 또한 나라 전체의 단합에도 큰 효과가 있을 것이옵니다."

 세종은 유관의 설명에 놀라움을 금치 못했습니다.

 세종 10년에는 국가의 정통성과 뿌리를 찾기 위해 단군이 도읍을 정한 곳을 찾아야 한다고 상소를 올렸습니다.

 그 글에 따르면 우리 민족의 역사는 중국과 상관없이 독립적으로 이루어졌다는 것이었습니다.

 "신은 오랫동안 단군의 옛 도읍터

를 연구해 왔습니다. 단군은 아사달 산에 들어가 신선이 되었으니, 아마도 단군의 도읍은 이 산 아래 있었을 것입니다. 지금의 땅 모양으로 보건대 문화현 동쪽의 '장장'이 단군의 도읍터로 추정되옵니다. 어떤 사람들은 기자 묘가 있는 곳을 단군의 도읍지라고 말합니다. 그러나 그들은 단군과 기자를 혼동하고 있는 것으로 이는 터무니 없는 얘기입니다. 왜냐하면 신이 살펴본 바에 따르면 단군은 기자보다 천 년이나 앞서 임금이 되었기 때문입니다."

당시로서는 무척 놀라운 주장이었습니다.

왜냐하면 많은 사람들이 여태껏 기

자라는 중국 사람과 그의 자손들이 단군을 이어 고조선을 다스렸다고 믿어왔기 때문이었지요.

유관은 여든여덟의 나이로 세상을 떠났습니다.

역대 정승 중 황희 다음으로 오래 살았지요.

그러나 유관을 아끼던 세종 임금은 크게 슬퍼하였습니다.

"유 대감이 세상을 뜨다니! 아, 이제 누가 내 곁에서 맑은 충고를 들려 줄 것인가. 오늘 나는 눈 하나를 잃은 것 같구나."

이렇게 말하고선 상복을 갖추라고 분부를 내렸습니다.

모두 말렸지만 세종 임금은 상복을 차려 입고서는 궐 밖으로 나가 유관의 죽음을 애도했습니다.

유관은 성품이 소탈하고 청렴결백하여 황희, 허조와 함께 세종 시대의 대표적인 청백리로 통한답니다.

조국에 바친 순결

유관순

현재 독립 기념관이 자리 잡고 있는 천안군 목천면 지령리.

예전에는 마을 앞 논밭 사이로 맑은 냇물이 흐르고 있었습니다.

마을 뒤편으로는 봄이면 진달래가 피었습니다.

가을이면 울긋불긋 단풍이 물들었지요.

그 곳에는 무척 아름다운 지령산이 솟아 있었습니다.

1904년 유관순은 이 아름답고 평화로운 마을에서 태어났습니다.

아버지 유중권은 흥호 학교를 세워 학생들을 가르쳤습니다.

대대로 지령리에 살아 온 유중권은 일찍부터 개화 사상에 눈을 뜬 선비였습니다.

비록 시골에 묻혀 살고는 있었지만, 유중권은 나라를 위해 도움이 되는 일을 하고 싶어서 학교를 세웠습니다.

그러나 일본의 방해로 학교는 금방 문을 닫아야 했습니다.

그 당시 러시아와 일본은 우리 나라를 빼앗으려고 서로 으르렁거리고 있었습니다.

결국 서로 전쟁을 벌였습니다.

가운데 끼인 우리 나라는 이리 뜯기고 저리 뜯기는 신세였지요.

모두 우리 민족이 힘이 없었기 때문에 당한 설움입니다.

관순은 어릴 때부터 명랑하고 착실

하였습니다.

 그러나 한번 옳다고 생각한 일에는 끝내 자신의 고집을 굽히지 않았습니다.

 관순이 열세 살 되던 해에 있었던 일입니다.

 밖에 놀러 나갔던 어린 동생 관복이가 머리를 다쳐 돌아왔습니다.

 화가 나신 아버지께서 관순을 불렀습니다.

 "관순아. 어서 가서 관복일 때린 녀석을 불러오너라."

 "그럴 필요 없어요. 애초에 관복이가 잘못을 했으니까요."

 관순의 대답에 아버지는 화가 났습니다.

그래서 더욱 높은 목소리로 꾸짖었습니다.

"냉큼 달려가 녀석을 데려오지 못하겠느냐!"

"다른 말씀은 다 들어도 지금 하신 말씀대로는 못 하겠어요."

"무엇이?"

아버지의 목소리는 떨리고 있었습니다.

"이번 일은 분명히 관복이가 잘못했습니다. 그래서 때린 그 아이를 데려올 수가 없습니다. 오히려 관복이가 그 아이를 찾아가 사과를 해야 됩니다."

"지독한 고집쟁이로군. 저게 어떻게 내 딸인지, 원."

그러나 한편으로 아버지는 관순의 곧은 마음이 내심 기특하게 여겨졌습니다.

1916년 3월, 관순은 고향 마을을 떠나게 되었습니다.

서울의 이화 학당에서 공부를 하게 된 것입니다.

관순에게는 새로운 삶이 시작되었습니다.

학교에 들어간 관순은 열심히 공부를 하였습니다.

관순이 학교에 들어간 지 얼마 되지 않았을 때였습니다.

교장 선생님은 유관순에게 모범상을 주셨답니다.

"유관순은 가난한 친구에게 밥을

사 주었답니다. 예전에도 그런 학생은 있었지요. 하지만 그 학생은 부자였습니다. 그러나 유관순은 절대 부자가 아니랍니다. 그 학생에게 밥

을 먹게 해 주는 대신 자신은 금식 기도를 하였다는군요. 어떻습니까, 여러분, 관순의 마음이 갸륵하지 않습니까? 남을 위한 행동은 언제든 칭찬받아 마땅합니다."

관순은 고생하는 친구를 곧잘 도와 주곤 했습니다.

가난한 학생을 위해 학비를 마련해 주기도 했습니다.

관순은 항상 자신이 가지고 있는 것을 다른 사람과 함께 나누고 싶었습니다.

"내가 가지고 있는 게 뭘까? 옳지! 나는 글을 읽고 쓸 줄 아니까 조그만 재주지만 글 모르는 사람에게는 큰 도움이 될 거야. 고향에는 글을 몰라 고생하는 사람들이 많았어. 그들을 가르칠 수 있다면 얼마나 즐거울까."

관순은 방학을 이용해서 고향에 내려갔습니다.

그 곳에서 글을 몰라서 고생하는 사람들을 모아놓고 공부를 가르쳤습니다.

관순이 그렇게 나보다 남을 위해서 살아야겠다고 결심하게 된 동기는 두 권의 책 때문이었습니다.

관순은 보통 학교를 졸업할 무렵 두 권의 책을 선물로 받았습니다.

잔다르크의 전기와 나이팅게일의 전기였습니다.

잔다르크는 프랑스의 소녀입니다.

잔다르크가 열여섯 살 되던 해 프랑스는 영국과 전쟁을 하게 되었답니다.

이 때, 잔다르크는 자신의 모든 힘을 다해 조국을 구했습니다.

한편 나이팅게일은 간호사입니다.

그녀는 아픈 사람을 돌보기 위해 전쟁터도 무서워하지 않았습니다.

관순은 두 사람의 전기를 되풀이해서 읽었습니다.

'나도 나이팅게일처럼 착하고 잔다르크처럼 용감한 사람이 되겠어.'

관순은 그렇게 다짐했습니다.

1919년, 열여섯 살이 된 유관순에게 운명의 날이 다가왔습니다.

어느 날, 관순은 친구와 함께 학교

뒤쪽에 있는 조그만 언덕으로 올라갔습니다.

그 언덕 위에서는 서울 장안이 훤히 내려다 보였습니다.

"얘, 저기 좀 봐! 웬일일까?"

한 친구가 언덕 밑에 있는 덕수궁을 손가락으로 가리켰습니다.

"무슨 일이 생겼나 봐!"

궁금증은 이튿날 풀렸습니다.

'고종 황제께서 뇌일혈로 돌아가시다!'

그런 보도가 신문에 났습니다.

그런데 사람들 사이에서는 이상한 소문이 나돌았습니다.

"고종 황제께서 독살당하셨다는구만."

"이런 원통한 일이 있나. 황제가 왜놈들한테 독살을 당하다니. 가만히 있을 수는 없어!"

백성들 가슴에서는 피가 끓어 올랐습니다.

"나라를 잃은 것도 서러운데 임금님마저 잃게 되다니……."

독립지사들도 크게 분노했습니다.

당시 독립지사들은 일본 경찰들 몰래 모임을 갖고 있었답니다.

"여러분 이제 더는 참을 수가 없습니다. 일본 놈들은 우리의 임금님마저 독살했습니다. 이제 우리의 독립을 외쳐야 할 때입니다!"

이렇게 해서 독립 지사들은 독립 선언서를 작성하게 되었습니다.

독립 선언서는 여러 학교의 학생 대표들에게 전달되었습니다.

그걸 받은 학생 대표들은 재빨리 모든 학생들에게 전했습니다.

학생들에 의해 선언서는 서울 장안에 순식간에 뿌려졌습니다.

3월 1일에 탑골 공원에 모여 우리 나라의 독립을 외치자는 내용이었습니다.

만세를 부르며 우리의 뜻을 세계 만방에 알리기로 했습니다.

유관순도 이화 학당의 친구들과 함께 만세 운동에 참가하기로 다짐했습니다.

"우리도 가만히 보고 있을 수는 없어. 왜놈들을 물리칠 수 있는 일이라면 무엇이든 해야만 해!"

옆에 있던 서명학이란 친구가 유관순의 말에 맞장구를 쳤습니다.

"우리도 결사대를 조직하자! 그래서 어른들의 비밀 결사대 일을 돕는 게 어떻겠니?"

"그렇게 하자. 우리 모두 만세 운동에 참여하는 거야."

친구들 모두 찬성을 했습니다.

"어떤 어려움이 닥쳐도 견뎌야 해. 이렇게 비참하게 천 년을 사느니 차라리 독립 운동을 하다 그 자리에서 죽는 게 나아."

3월 1일, 오후 2시.

민족 대표 33인은 인사동 태화관에 모였습니다.

그들은 그 곳에서 우리 나라의 독립을 선언했습니다.

같은 시각 파고다 공원.

사람들이 공원을 가득 메우고 있었습니다.

헤아리기 힘들 정도로 많은 사람들이었습니다.

그러나 그들은 모두 하나였습니다.

한마음 한목소리로 목이 터져라 외쳤습니다.

"대한 독립 만세!"

"대한 독립 만세!"

사람들은 가슴 깊이 묻어 둔 태극기를 꺼내 들고 공원에서 거리로 쏟아져 나갔습니다.

유관순도 친구들과 함께 만세를 외

쳤습니다.

목에서 피가 나도록 힘차게 만세를 불렀습니다.

"대한 독립 만세!"

"대한 독립 만세!"

만세 소리는 곧 서울 거리에 울려 퍼졌습니다.

일본 총독부는 깜짝 놀랐습니다.

헌병 대장은 서둘러 병사들을 풀었습니다.

일본 헌병들은 잔인하기 짝이 없었습니다.

사람들을 흩어지게 하려고 총을 쏘거나 칼을 빼 들고 정신없이 휘둘렀습니다.

그러나 군중들은 꿈쩍도 않고 독립

만세를 외쳤습니다.

 마침내 헌병들의 총칼에 맞아 쓰러진 사람들의 시체가 가득했습니다.

 그래도 사람들은 물러설 줄 몰랐습니다.

 왜놈들의 총칼 앞에서 만세 소리는 더욱 커져만 갔습니다.

 그 후 일본 총독부는 만세 운동을 못하도록 학교 문을 닫게 했습니다.

 만세 운동을 더 이상 못 하게 하려면 학생들을 먼저 막아야 한다고 생각했기 때문입니다.

 그리하여 이화 학당의 학생들도 모두 제 고향으로 뿔뿔이 흩어져 돌아가야만 했습니다.

 유관순도 고향에 내려갈 수밖에 없

었습니다.

 고향에 돌아온 유관순은 이 곳에서 할 일이 무엇일까를 골똘하게 생각했습니다.

 유관순은 자신이 앞장서서 근처 고을 사람들과 함께 만세 운동을 하기로 마음먹었습니다.

 유관순은 교회 어른들에게 자기의 뜻을 전했습니다.

 교회 어른들도 관순의 생각에 동의했습니다.

 "어린 것이 대견하기도 하구나! 그런데 다른 마을 사람들에게는 누가 알리지?"

 "제가 알릴게요."

 그 날부터 유관순은 근처 마을을

돌아다녔습니다.

 험한 산을 넘고 넓은 강을 마다하지 않고 건너 다니며 대한 독립 만세를 부르자고 호소했습니다.

 마을 청년들도 관순을 돕기 위해 나섰습니다.

 "먼저 어디에서 만세 운동을 일으킬까?"

 "장터가 최고지. 사람들도 많이 지나 다니니까 가장 좋은 장소가 될 거야."

 "그럼 언제 만세를 부르지?"

 "서울에서는 3월 1일에 만세 운동이 일어났지? 우리는 음력 3월 1일로 하는 게 좋겠어."

 이렇게 하여 만세 운동 준비는 차

즘 마무리 되고 있었습니다.

유관순은 태극기를 만들어 사람들에게 나눠 주었습니다.

드디어 음력 2월 그믐날 밤이 되었습니다.

산꼭대기에 오른 유관순은 횃불에 성냥을 그었습니다.

횃불은 순식간에 활활 뜨겁게 타올랐습니다.

그러자 동쪽 산봉우리와, 서쪽 산봉우리에서도 차례로 횃불이 타올랐습니다.

이튿날, 음력 3월 1일 정오였지요.

아우내 장터에는 삼천 명이 넘는 사람들이 어느 새 구름처럼 모여들고 있었습니다.

유관순은 사람들에게 태극기를 하나씩 나눠 주었습니다.
"목청껏 대한 독립 만세를 외치십시오. 여러분의 만세 소리가 세계

만방에 울려 퍼지도록 하십시오!"
 유관순은 장터 정자에 우뚝 서서 독립 선언서를 낭독하였습니다.
 "대한 독립 만세!"
 "대한 독립 만세!"
 곧이어 우렁찬 만세 소리가 하늘을 울렸습니다.
 하지만 그 소리와 함께 요란한 총소리가 들려왔습니다.
 탕탕탕!
 많은 사람들이 피를 흘리며 장터 바닥에 쓰러졌습니다.
 그러나 사람들은 굴하지 않고 더 우렁찬 목소리로 대한 독립 만세를 외쳤습니다.
 유관순 곁에서 만세를 부르던 부모

님이 총에 맞아 쓰러졌습니다.

"아버님! 어머님!"

유관순은 피를 흘리며 쓰러지는 부모님을 부둥켜 안은 채 울부짖었습니다.

두 분은 유관순의 울음 소리와 만세 소리를 들으며 조용히 눈을 감았습니다.

일본 헌병들이 당장 유관순을 잡아들였습니다.

그리고 유관순 가족이 살았던 집에 석유를 뿌리고 불을 질렀습니다.

"일본 천황을 욕되게 한 자들의 집이다. 재도 남기지 마라!"

그렇게 해서 유관순의 집은 흔적도 없이 사라졌습니다.

그 후 유관순은 공주로 이송되었습니다.

그 곳에서 만세 시위를 하다 잡혀 온 오빠 유관옥을 만났습니다.

오빠는 영명 학교를 다니고 있었습니다.

"오빠……."

유관순은 목이 메어 그 말밖에 하지 못했습니다.

그것이 가족과 만난 마지막 자리였습니다.

관순이 서울로 옮겨 법정에 섰을 때의 일입니다.

일본 재판관은 유관순에게 잘못을 인정하라고 협박했습니다.

"네가 잘못을 인정한다면 목숨은

살려 주겠다."

 그 순간입니다.

 유관순은 조용히 자리에서 일어났습니다.

 그리고 앉았던 의자를 집어들고 재판장을 향해 힘껏 내던졌습니다.

 꽝! 의자 떨어지는 소리가 요란했습니다.

 그것이 유관순의 대답이었지요.

 법정 모독죄가 합쳐져 7년 형을 선고 받았습니다.

 그러나 옥에 갇혀서도 유관순의 만세 소리는 그칠 줄 몰랐습니다.

 날이 갈수록 고문은 잔악해져 견뎌내기 힘들었습니다.

 지금도 유관순이 갇혀 고문당했던

좁은 감방은 서대문 형무소에 그대로 보존되어 있답니다.

 1920년 10월 12일, 유관순은 열여덟 살의 꽃다운 나이로 생을 마쳤습니다.

 죽기 전에 유관순은 하나님께 간절히 기도했습니다.

"주님, 제가 세상을 뜨거든 천국에 계신 부모님과 만나게 해 주십시오. 그리고 우리 나라에 광명을 주십시오. 이 땅에도 독립과 축복을 내려주십시오."

글과 술의 재상

윤회

윤회는 문장이 뛰어난 인물입니다.
학자와 학문을 사랑했던 세종 대왕은 누구보다 그런 윤회를 사랑하고 아꼈습니다.
어느 날입니다.
임금님이 부르신다는 전갈이 집으로 왔습니다.
하지만 윤회는 자리에서 금방 일어설 수가 없었습니다.
너무도 술을 많이 마셔 몸을 가눌 수가 없었던 것입니다.
"어허, 이것 참 야단났구나."
술이 취했으면서도 윤회는 임금님 앞으로 비틀거리며 나갔습니다.
세종 대왕은 취한 채 들어오는 윤회를 보고 어이가 없었습니다.

"그렇게 술을 마시면 건강은 언제 돌본단 말입니까?"
"마마, 비록 몸은 술에 취했으나

정신은 아주 또렷합니다. 소인이 얼마나 말짱한 정신을 지니고 있는지 실험을 해 보셔도 좋습니다."

윤회는 자신있게 말했습니다.

"그래요? 어디 그렇다면 실험을 해 봅시다."

워낙 실력이 뛰어난 윤회이지만 술이 저렇게 취했으니 어쩔 도리가 없겠다고 생각한 세종은 글을 써 보라고 했습니다.

"평소와 조금도 다를 바가 없을 터이니 지켜 보십시오."

윤회는 자신있게 붓을 들었습니다. 그리고 한 자 한 자 정성들여 글을 써 내려갔습니다.

"오!"

세종 대왕은 윤회의 흐트러짐 없는 글 솜씨에 감탄하고 말았습니다.

"정말 천재로구나. 저토록 술에 취

했으면서도 글씨 한 자 틀리지 않다니! 고금에 보기 드문 재상이로구나."

윤회는 술을 너무나도 좋아했습니다.

세종 대왕은 그가 지나치게 술을 마셔 건강을 해치지 않을까 늘 염려스러웠습니다.

하루는 윤회를 불러다 이렇게 명령을 했습니다.

"앞으로 하루에 석 잔 이상은 마셔서는 안 되오. 이건 명령이오."

세종 대왕은 윤회에게 은으로 만든 손바닥만한 잔을 건넸습니다.

"예, 마마. 마마의 말씀대로 하루에 석 잔 이상은 결코 마시지 않겠습니다."

윤회는 세종 대왕 앞에서 단단히 약속을 했습니다.

"이것 참 큰일이구나. 상감마마의 엄명인데 어길 수도 없는 노릇이고. 이걸 어쩐다……?"

집으로 돌아온 윤회는 걱정이 태산이었습니다.

하루라도 술을 마시지 않으면 사는 맛이 없다고 여길 만큼 윤회는 대단한 술꾼이었거든요.

"아, 그렇지!"

며칠 동안 골똘하게 생각에 빠져 있던 윤회는 자기 무릎을 탁 치며 좋아했습니다.

당장 하인을 불렀습니다.

"이 술잔을 대장간으로 가져 가거라. 대장장이에게 부탁해서 큼지막하게 펴 오도록 해라."

"예?"

하인은 어리둥절해서 그렇게 물었습니다.

"이 술잔을 최대한 크게 만들어 와라. 얇더라도 술이 새지만 않으면 된다."

그때서야 하인은 속으로 혼자 웃었습니다.

이리하여 윤회의 고민은 저절로 해결이 된 셈입니다.

문제를 해결한 윤회는 다시 실컷 술을 마실 수가 있게 되었습니다.

그 소리가 다시 세종 대왕의 귀에 들어갔습니다.

"어허, 이런 고약한 일이 있나."

세종 대왕은 어이가 없어 당장 윤회를 불렀습니다.

"분명히 이 자리에서 술을 하루 석 잔 이상은 마시지 않겠다고 약속하지 않으셨소?"

"분명히 마마 앞에서 약속을 하였사옵니다."

"그런데 어째서 내 명을 어겼단 말이오?"

"마마, 맹세코 저는 마마의 명을 어긴 적이 없사옵니다."

"어허, 요즘도 술에 취해 지낸다는데 어째서 약속을 어기지 않았다고

할 수 있단 말이오?"

"마마께서 주신 은잔으로 딱 석 잔밖에 마시지 않았사옵니다. 다만 달라진 것이 있다면 그 은잔을 대장간에 가져가 최대한 크게 늘렸을 따름이옵니다. 잔이 워낙 커서 오히려 다른 때 마시는 양보다 더 많이 마시는 꼴이 되었습니다만……."

"뭐요? 하하하……."

세종 대왕은 너털웃음을 터뜨리고 말았습니다.

"술을 적게 마시게 하려고 했더니만 오히려 더 많이 마시게 됐구려."

세상 사람들은 모두 글과 술이 윤회 같은 현인을 낳았다고 입을 모았습니다.

윤회는 1380년 윤소종의 아들로 태어났습니다.

그는 어려서부터 글을 매우 좋아했습니다.

열 살 때 〈자치통감목〉을 읽을 정도였으니까요.

그 후로도 읽지 않은 책이 거의 없을 정도였으며 한번 본 것은 절대 잊지 않았습니다.

"신동이야. 하늘이 내린 천재야."
"나중에 큰 인물이 되겠어."

어른들은 윤회의 실력을 두고 하나같이 혀를 내둘렀습니다.

그 예감대로 태조 초기, 열네 살 때 과거 시험에 합격한 윤회는 진사가 되었습니다.

태종 1년에는 문과에 급제하여 이조정랑이란 벼슬에 올랐습니다.

그는 복잡한 노비 문제를 빠르고 공정하게 처리하여 유능한 관리라는 말을 들었습니다.

이후 그는 여러 벼슬을 맡게 되었습니다.

1424년 집현전 부제학에 오르기도 했습니다.

정도전이 편찬한 〈고려사〉의 잘못된 부분을 바로 잡기도 하였습니다.

1432년에는 세종의 명을 받아 좌의정 맹사성과 함께 〈팔도 지리지〉를 엮었습니다.

이듬해 중추원사 겸 성균관 대사성이 되었습니다.

그래서 대제학 정초와 함께 중국에 보내는 모든 외교 문서를 다루기도 했습니다.

그 후, 병조 판서를 거쳐 예문관 대제학에까지 올랐습니다.

이후 말년에 이르기까지 윤회는 임금님을 보필하며 나라에 많은 공헌을 했습니다.

당대 문장의 최고봉이라 할 정도로 이름을 떨친 윤회는 1436년 세상을 떠났습니다.

거북선으로 왜적을 무찌른

이순신

"어머니, 배 고파요. 밥 주세요."

"어머니, 배가 고파서 죽겠단 말이에요. 밥 좀 주세요."

어린 두 아들 희신과 요신은 어머니 앞에서 계속 칭얼거립니다.

"먹을 것이 아무 것도 없구나, 애들아. 얼른 이 바느질감을 갖다 주면 삯을 받을 수 있을 것이다."

어머니는 두 아들이 너무도 안쓰러워 목이 메입니다.

배가 고픈 것은 어머니도 마찬가지였습니다.

홀몸이 아니기 때문에 바느질을 하는 것도 너무 힘이 들었습니다.

그런 가난한 가정에 셋째 아들이 태어났습니다.

"여보, 이 녀석 이름은 순신이라고 합시다."

아버지는 어린 아들에게 옛 중국의 어진 임금님의 이름자를 따서 지어 주었습니다.

장차 커서 그런 어진 인물이 되라는 뜻이었습니다.

1545년 4월 28일, 어지럽고 캄캄한 시절에 큰 별과 같은 이순신이 이 땅에 태어났습니다.

순신은 남달리 영리하고 똑똑한 아이였습니다.

철이 들자 순신은 형들을 따라 글방을 다녔습니다.

"정말 순신은 아무도 못 따라가겠어. 외우는 실력이 귀신이라니까."

모두들 순신을 부러워했습니다.

글방 친구들 중에서 순신과 가장 친한 친구는 유성룡이었습니다.

유성룡은 나중에 어른이 되어 영의정 벼슬에 올라 순신을 적극적으로 돕습니다.

임금님께 순신의 재주를 자랑하며 나라를 위해 일할 수 있도록 해달라고 간청을 했던 것이지요.

순신은 무럭무럭 자라 여덟 살이 되었습니다.

살림은 날이 갈수록 더 어려워지기만 했습니다.

"아무래도 아이들을 데리고 친정으로 가야 할 것 같습니다. 그 곳에 가면 아이들이 배 곯고 사는 일은 없을 것입니다."

어느 날 어머니는 눈물을 머금고 어려운 결심을 하였습니다.

아버지는 긴 한숨만 내쉬었습니다.

순신의 외가는 아산군 뱀밭이라는 곳입니다.

서울을 떠나 온 순신은 이 곳에서 마음껏 뛰어 놀며 훗날 훌륭한 장군으로 자랄 준비를 한답니다.

순신의 활 쏘는 솜씨는 정말 뛰어났습니다.

"저 애는 나중에 틀림없이 훌륭한 장군이 될 거야."

어른들도 모두 순신의 실력에 감탄했습니다.

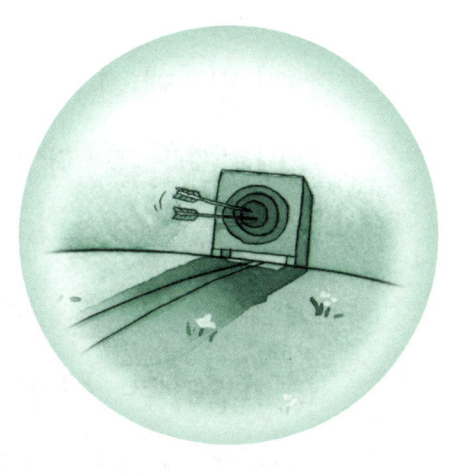

스물일곱 살이 되자 순신은 무과 시험에 응시했습니다.

그러나 번개처럼 달리던 말이 갑자기 푹 고꾸라지는 바람에 시험에서 떨어지고 말았습니다.

"꼭 해내고 말 것이다!"

시험에 떨어진 순신은 더 더욱 무예를 갈고 닦았습니다.

그래서 그로부터 4년이 지난 후, 순신은 당당히 무과 시험에 합격했습니다.

임진 왜란.

나라와 겨레를 송두리째 잃어버릴 정도로 아슬아슬한 상황에서 만약 이순신 같은 인물이 없었더라면 우리 나라는 어떻게 되었을까요?

선조 31년 12월의 일입니다.

왜적이 백여 척의 배를 이끌고 노량 앞바다로 쳐들어 왔습니다.

"장군, 왜놈들이 쳐들어 와 죄 없는 백성들을 마구 죽이고 있습니다! 당장 놈들을 처치하지 않으면 나라가 위태롭습니다!"

부하들의 간곡한 부탁에도 이순신은 꿈쩍하지 않았습니다.

드디어 밤이 되었습니다.

이순신은 갑판 위에서 무릎을 꿇고

조용히 기도를 올렸습니다.

"이 나라를 왜적의 손에 더럽히지 않도록 도와주십시오. 목숨을 걸고 이 나라를 구할 수 있는 지혜와 용기를 주십시오."

그리고 전 부대를 향해 힘차게 소리쳤습니다.

"전투 준비!"

명령이 떨어지자 거북선이 소리없이 남해 바다로 향했습니다.

왜적들은 곤히 자고 있었습니다.

"공격이다! 쏴라!"

그 순간 바닷물이 무섭게 흔들렸습니다.

거북선의 입에서는 빨간 불이 솟구치고 화살과 대포가 빗발치듯 쏟아졌습니다.

"위험하다! 어서 빨리 거북선을 물리쳐라!"

왜적 대장인 소서행장이 소리를 지르자 화살과 대포가 정신없이 쏟아졌지만 거북선은 꿈쩍도 하지 않았습니다.

"으악!"

왜적들은 힘없이 쓰러졌습니다.

다시 수많은 배들이 거북선을 향해 달려오고 있었습니다.

소서행장을 도우러 온 왜적들이었습니다.

"한 놈도 남기면 안 된다!"

이순신은 북채를 높이 쳐들고 외쳤습니다.

거북선은 즉시 뱃머리를 돌려 그 쪽으로 공격해 나갔습니다.

왜장이 쓰러졌습니다.

그러나 기쁨도 잠시, 순식간에 날아 온 탄환 한 개가 이순신의 왼쪽 가슴에 박혔습니다.

"윽!"

이순신은 푹 쓰러졌습니다.

아들 회와 조카 완이 재빨리 이순신을 부축했습니다.

"걱정 말아라. 나는 괜찮다. 어서 나를 방패로 가리도록 하여라. 내 죽음을 아무에게도 알리지 마라."

이순신은 그 말만을 남기고 조용히 눈을 감았습니다.

회는 아버지 대신 북채를 흔들며

열심히 북을 쳤습니다.

"싸워라! 한 놈도 남기지 마라!"

병사들은 북 소리에 힘을 얻어 더 열심히 싸웠습니다.

전쟁이 다 끝날 무렵까지 병사들은 이순신의 죽음을 눈치채지 못했습니다.

적의 배는 오십여 척도 남지 않았습니다.

의욕을 잃은 적이 허겁지겁 달아나고 병사들은 만세를 부르며 승리를 기뻐했습니다.

7년이나 계속되었던 임진 왜란은 그렇게 막을 내렸습니다.

거북선은 거북의 등처럼 덮개를 하고 절대 총탄이 뚫지 못하도록 만들

어져 있으며 앞쪽에 네 개, 좌우에 서른네 개씩의 포문을 만들어 삼십여 발의 대포를 한꺼번에 쏠 수 있게 한 군함입니다.

 연기를 사납게 뿜어 내며 적진 속으로 들어가기 때문에 적의 배들이 연기에 가려 방향을 잃게 됩니다.

 덮개에는 송곳과 같은 칼과 창을 촘촘히 꽂아 적군이 기어오르지 못하도록 했습니다.

 길이 34미터, 높이 3.5미터, 폭이 4.4미터 정도이고 백삼십여 명의 병사들이 탈 수 있습니다.

 이순신은 거북선에 대해 이렇게 적었습니다.

 '신은 일찍이 왜적의 난리가 있을

것을 염려하여 따로 거북선을 만들었노라.'

이순신 장군은 글에도 아주 뛰어난 솜씨를 발휘했습니다.

그래서 〈난중일기〉와 시조, 한시 등 여러 편의 작품을 남겼습니다.

소나무 같은 기백

퇴계 이황

1501년 연산군 7년 11월 25일, 경북 안동군 도산면 온계리의 진사 이식의 집안에서 우렁찬 울음 소리가 들려왔습니다.

이식의 막내 아들이 막 태어난 것입니다.

이황의 본래 이름은 '서홍'이었습니다.

"허허, 이 녀석 울음 소리 한번 크구나. 장차 큰 인물이 되겠구나."

아버지는 누구보다 막내 아들을 귀여워했습니다.

하지만 서홍이 아버지한테 받을 수 있는 사랑은 그게 전부였습니다.

아버지는 그가 태어난 지 일곱 달 만에 세상을 떠나고 말았습니다.

그 당시 사람들은 가문의 명예를 무엇보다도 중요하게 여기고 있었습니다.

그래서 어머니는 가난한 살림이나마 어린 자녀들의 교육에 온갖 정성을 다했습니다.

"절대 학문을 게을리 해서는 안 된다. 재산은 언제든 모아지기도 하고 사라지기도 하지만 지식은 아니다. 한번 내 것이 되면 영원히 사라지지 않는 것이다."

어머니는 자상하기도 하셨지만 몹시 엄하셨습니다.

자식들이 조금만 버릇없는 짓을 해도 용서하지 않았습니다.

날카로운 회초리로 자식들의 종아리를 사정없이 내리쳤습니다.

학문을 게을리했을 때는 더욱 매서운 회초리가 기다리고 있었습니다.

서홍은 여섯 살 때부터 〈천자문〉을 배우기 시작했습니다.

유난히 총명한 탓에 남들보다 훨씬

빨리 배웠습니다.

 열두 살 되던 해부터는 숙부인 이우에게 〈논어〉를 배웠습니다.

 그 나이에는 어려운 책이었지만 서홍은 막힘 없이 줄줄 해낼 정도로 실력이 뛰어났습니다.

 "하나를 가르치면 열을 깨우치는 아이구나."

 숙부는 어린 조카가 너무도 자랑스러울 뿐이었습니다.

 훗날 이황은 숙부의 사랑에 대해 이렇게 회고했습니다.

 "내가 게으르지 않았던 것은 오로지 숙부님의 가르침과 격려, 그리고 사랑 덕택이었다."

 그만큼 숙부는 이황에게 남다른 사

랑을 쏟았던 것입니다.

 숙부는 일찍 돌아가신 형님에 대한 아우로서의 의무라고 여기고 어린 조카를 가르치는 일에 최선을 다했던 것입니다.

 열아홉 살 무렵부터 이황은 학문의 이치를 점점 깨닫게 되었습니다.

 스무 살 때에는 〈주역〉이라는 책의 깊은 뜻을 알아내는 데 심혈을 기울였습니다.

 그러나 건강이 문제였습니다.

 너무 공부에만 몰두한 나머지 몸을 돌보지 않았던 것입니다.

 급기야 건강을 해치게 되어 한평생 소화 불량으로 고생을 해야만 했습니다.

1523년, 스물두 살 되던 해에 이황은 서울로 올라와 성균관에서 공부를 하였습니다.

거기서 이황은 〈심경부주〉라는 책을 처음으로 읽게 되었습니다.

이 책은 마음의 수양을 위해 성현들의 뜻을 적어 놓은 것입니다.

어느 무더운 여름날이었습니다.

그런데도 방문을 걸어 잠그고 오로지 밤낮으로 책에만 묻혀 사는 이황을 모두들 염려하였습니다.

"이 더위에 독서에만 열중하다 건강을 상할까 두렵습니다."

"이 책을 연구하면 마음이 열려 시원해지는데 어찌 더위 따위가 염려되겠소."

마침내 이황은 〈심경부주〉를 읽고 나서 마음을 수련하는 방법을 깨달았습니다.

〈심경부주〉는 훗날 이황이 제자들을 가르치는 교과서로 사용되기도 했습니다.

학문에 심취해 가는 동안 이황의 인품은 더욱 더 깊고 숭고한 빛을 띠었습니다.

이황은 침착하고 사람을 압도하는 힘이 있었습니다.

서른두 살 때 과거를 보고 고향으로 돌아가는 길에 있었던 일입니다.

길가에 있는 집에서 하룻밤 묵었는데 갑자기 한밤중에 도둑이 들지 않았겠어요.

"가진 것을 내놓지 않으면 모두 가만 두지 않겠다!"

험상궂게 생긴 사내가 칼을 들이대고 호통을 쳤습니다.

같이 묵던 일행은 겁을 먹고 쩔쩔매고 있었습니다.

그러나 이황은 바위처럼 꿈쩍도 하지 않고 있었습니다.

"아니, 넌 우리가 무섭지 않으냐?"

칼을 빼든 도둑이 이황에게 물었습니다.

"사람이 사람을 무서워 할 까닭이 있겠느냐?"

이황은 태연히 대답하였습니다.

"뭐라고? 가만 보니 이 놈이 보통내기가 아닌 걸. 그렇지, 사람이 사람을 무서워할 까닭은 없지. 하지만 이렇게 칼을 들이대도 무섭지 않느냐?"

"내가 본디 가진 것이 없고, 또 그대들과 원수진 바가 없으니 나를 해치기야 하겠나!"

"그야 물론이지. 순순히 우리 말을 들어만 준다면 원수 사이도 아니니 죽일 필요는 없지."

"보아하니 그대들도 부모와 처자가 있는 몸인 듯한데, 부모에게 효도는 못할망정 마음 아프게 해 드릴 것까지야 없지 않나. 사내 대장부가 무엇을 못해서 나그네의 보따리나 털고 다닌단 말인가!"

"누군 이 짓을 하고 싶어 하는 줄

아시오. 벼슬아치들 등쌀에 살 수가 없어서 이 짓을 하는 게 아니오."

"그럼 벼슬아치들의 것이나 뺏지 어째서 죄 없는 백성들의 것을 뺏으려 드오. 그리하면 그 못된 벼슬아치들과 무엇이 다르겠소!"

서슬이 시퍼런 칼을 휘두르며 큰 소리 치던 도둑은 이황의 조리 있는 말에 그만 기가 꺾이고 말았습니다.

또, 그가 예순여덟 살 되던 해의 일입니다.

7월에 광나루를 건너 서울로 들어가는데 갑자기 큰 비바람이 몰아닥쳤습니다.

사나운 물결이 높이 치솟아 배가 까딱하면 뒤집힐 지경에까지 이르렀습니다.

"아이구, 사람 살려요!"

배에 탄 사람들은 울부짖으며 안절부절 못 하였습니다.

"침착들 하시고 가만히 앉아 계시오. 이리 뛰고 저리 밀리고 하면 배가 뒤집히고 말 것이오. 그러면 모두 죽고 말 테니 이럴 때일수록 정신을 가다듬고 비바람과 싸워야 하오. 이제 곧 비바람이 가라앉을 거요. 그러니 걱정 말고 사공의 지시에 따릅시다!"

이황은 얼굴빛 하나 변하지 않고 어쩔 줄 모르는 사람들을 타일렀습니다.

얼마 뒤 차츰 비바람이 가라앉고

배는 무사히 강가에 닿을 수 있었습니다.

이황은 어떤 일이나 막다른 골목에 이르면 이와 같이 더욱 침착해지고 대담해지는 성품이었습니다.

퇴계 이황은 일찍이 늙은 소나무를 보고 다음과 같은 시를 읊었습니다.

이 시에는 그의 세찬 기백이 서려 있습니다.

밑 없는 깊은 늪 절벽 위에 태어난 늙은 소나무

그 기개 하늘에 뻗치고 산봉우리 위 압하네.

붉고 푸른 것이 본성을 해침을 원치 않으니 복숭아나 오얏을 따러 즐겨

아양 피우랴.

 이황은 벼슬자리에 있는 동안 탐관오리들을 혼내주고 바로잡아 주는데 주저함이 없었습니다.

그러나 그의 생활은 항상 검소하였습니다.

방에 부들 자리를 깔고 살았고 베옷을 입었으며, 대나무 지팡이를 짚고 다녔습니다.

예순 안팎의 고령에도 불구하고 이황은 높은 학문의 경지에 이르렀습니다.

또 많은 책들도 지었습니다.

〈주자서절요〉, 〈도산십이곡〉 등은 우리 역사에 길이 빛날 훌륭한 책들입니다.

1569년, 이황은 예순아홉의 나이로 벼슬에서 물러나 고향으로 돌아왔습니다.

율곡 이이와 함께 조선 시대 성리

학의 거장으로 손꼽히는 퇴계 이황은 한평생 고결하게 살다 간 대학자입니다.

한글 연구의 선구자

한힌샘 **주시경**

"애들아, 저기 주 보따리가 오신다!"

개구쟁이들이 외치는 소리에 거리가 갑자기 시끌벅적해졌습니다.

짚신을 신고 무명 두루마기를 걸치고 큰 보따리를 옆에 낀 주시경 선생이 거리에 나타난 것입니다.

이 때가 되면 아이들은 목청껏 '주 보따리! 주 보따리'하며 노래를 불렀습니다.

'주 보따리'란 주시경 선생의 별명이었지요.

하지만 주시경 선생은 그런 아이들이 마냥 좋았습니다.

"허허, 오늘도 건강해서 이쁘구나. 그래, 그렇게 건강하고 튼튼하게 자

라거라."

 주시경 선생은 유난히 커다란 보따리를 지니고 다녔습니다.

 여러 학교에서 국어를 가르쳤는데 그 보따리 안에는 책이 잔뜩 들어 있었습니다.

 지금처럼 튼튼한 가방이 있는 것도 아니고 허름한 보따리에 책을 잔뜩 넣어 이 학교 저 학교로 옮겨 다니며 수업을 한 것입니다.

 주시경 선생은 국어를 가르칠 때마다 민족의 앞날을 강조했습니다.

 "여러분은 민족의 등불입니다. 우리의 글을 많이 배우고 익혀 나라를 위해 일하는 훌륭한 인물로 자라야 합니다."

이 당시는 일제 침략기로 우리 말과 글을 모두 숨어서 가르치고 배워야 했습니다.

일본은 조선의 민족 혼이 말과 글에 있다고 여기고 심하게 탄압을 했기 때문입니다.

그런 환경 속에서 주시경의 우리 글에 대한 사랑은 남다를 수밖에 없었습니다.

"나라가 망한 것은 우리 조상들이 우리 것을 천대하고, 남의 것만 좋은 것으로 알아 숭배하였기 때문이다. 국어를 과학적으로 연구하여 겨레의 빛난 얼을 되살려야 한다."

한힌샘 주시경 선생.

주시경 선생은 조선 고종 13년인

1876년 11월 7일, 황해도 무릉골에서 가난한 선비의 아들로 태어났습니다.

어려서 이름은 주상호였습니다.

여섯 살바기 상호는 골목 대장 노릇을 제법 잘하였습니다.

"애들아! 우리가 집을 짓자. 각자 수숫대랑 짚을 가져와!"

"집은 나무와 흙으로 짓는 거야. 어떻게 수숫대로 집을 짓니?"

아이들은 상호의 말에 시큰둥한 표정을 지었습니다.

"그렇다면 조금만 기다려! 내가 시

범을 보여줄게."

 상호는 어디선가 수숫대를 구해 와서는 엮기 시작했습니다.

 상호가 재빠르게 손을 놀리자 점점 근사한 집이 되어 갔습니다.

 그것을 지켜 보던 아이들은 너도 나도 수숫대를 구해 오기 시작했습니다.

 얼마 후에 멋진 집이 마당에 세워졌습니다.

 "상호에게 저렇게 멋진 손재주가 있었구나."

 어른들까지 상호의 훌륭한 솜씨에 감탄을 하며 칭찬을 아끼지 않았습니다.

 '덜렁봉 꼭대기에 올라가면 하늘을

손으로 만져볼 수 있을 거야.'

하루는 전혀 엉뚱한 생각이 상호의 머리 속에 떠올랐습니다.

상호는 당장 아이들을 불렀습니다.

"애들아, 산 꼭대기로 놀러 가자!"

애들은 모두 상호의 뒤를 따라 올라갔습니다.

덜렁봉 근처에 다다르자 아이들은 이리 뛰고 저리 뛰며 노느라 정신이 없었습니다.

하지만 상호는 산 위로 오르는 것을 멈추지 않았습니다.

너무도 하늘이 맑았습니다.

긴 장대로 그 하늘을 살며시 찌른다면 쪽빛 물이 뚝뚝 떨어질 것만 같았습니다.

저렇게 맑은 하늘을 직접 손으로 만져 본다면 어떤 느낌일까, 너무도 궁금했던 것입니다.

"산 꼭대기에 올라가면 하늘을 만질 수 있을 거야."

상호는 점점 높은 곳으로 올라갔습니다.

하지만 다리도 아프고 산세도 너무 험해 점점 앞으로 나갈 수가 없었습니다.

보기에는 금방 닿을 것 같았는데 하늘은 자꾸 높아져만 갔습니다.

하늘이 산봉우리와 맞닿아 있지 않다는 것을 그 날 깨달았습니다.

어른들은 밤늦도록 돌아오지 않는 상호 때문에 한바탕 난리를 피웠습니다.

 늑대며 여우가 살던 시절이라 산속에서 무슨 일을 당했을지도 모르는 일입니다.

 간신히 집으로 돌아온 상호는 어른들에게 몹시 꾸중을 들었지만 마음 속으로는 무척 기뻤습니다.

 이제는 하늘을 만지려고 산에 올라가는 일은 절대 없을 테니까 말이에요.

 어린 시절 주시경은 글방 선생이신 아버지한테서 글을 배웠습니다.

 그러나 1888년 봄, 열세 살이 되었을 때 고향을 떠나야만 했습니다.

 서울 큰아버지 댁에 양자로 가게 된 것입니다.

서울에 올라 온 주시경은 서당에 들어갔습니다.

그 서당에는 장사꾼 자제들이 대부분이었습니다.

그래서 장사에 대한 이야기들을 더 많이 주고 받고 글보다 셈하기를 더 많이 배웠습니다.

"지금 이 시대가 요구하는 것은 한문과 수 계산하는 것만이 아니다. 세상 돌아가는 사정을 알고 무지에서 벗어나야 한다. 무엇보다 밀려 들어오는 서구의 새 문물을 배워야만 한다."

시간이 지날수록 자신이 길을 잘못 들어선 것을 깨달은 주시경은 열아홉 살 때 스스로 머리를 자르고 배재 학당에 들어갔습니다.

배재 학당에 입학한 이후 주시경은 무엇보다 한글에 관심을 많이 갖기 시작했습니다.

그 당시 사람들은 한글을 아녀자들

이나 읽고 쓰는 천한 글이라고 생각하였습니다.

"한글은 천한 글이야. 학식 있는 사람은 한문을 많이 알아야 해."

간혹 어른들이 그런 말을 하며 주시경을 나무랐지만 상관하지 않았습니다.

나라가 부강해지려면 백성들 모두 나라 글을 사랑하도록 해야 된다는 생각밖에 없었습니다.

"동포 여러분, 침략 세력을 막아내고 우리가 모두 잘 살려면 먼저 새 학교를 세워야 합니다. 제일 시급한 문제는 백성들의 눈을 뜨게 하는 것입니다."

어느 날 주시경은 미국에서 귀국한

서재필의 연설을 듣고 크게 감명을 받았습니다.

그 무렵 서재필은 모든 국민들이 우러러보는 훌륭한 애국자였습니다.

이후로 선생은 한글 연구에 대한 의지를 더욱 굳혔습니다.

또한 서재필의 교육을 통한 계몽 사상에도 크게 감명을 받았습니다.

주시경은 스물한 살의 나이에 서재필로부터 두터운 신임을 얻게 되었습니다.

주시경은 서재필이 창간한 독립신문사에서 중요한 책임을 맡게 되었습니다.

〈독립신문〉은 한글로만 만들어진 우리 나라 최초의 신문입니다.

"온 국민 누구나 쉽게 읽고 쓸 수 있는 한글을 널리 보급하는 것이 내 목적이다."

 주시경은 사람들이 쉽게 읽을 수 있는 글을 써서 신문에 냈습니다.

 하지만 나라에서는〈독립신문〉을 방해하였습니다.

 "정부에 대한 공격이 너무 지나치군. 주시경을 체포하라! 또한 신문사 간부들을 모두 잡아 가두어라."

 주시경은 할 수 없이 황해도 봉산에 있는 매형 집으로 몸을 피해야만 했습니다.

 피신을 해서도 주시경의 가슴에는 오로지 한글에 대한 생각밖에 없었습니다.

더 이상 견딜 수 없는 지경에 이르자 주시경은 다시 서울로 올라왔습니다.

하지만 금방 독립당의 동지들과 함께 잡히고 말았습니다.

그러나 나라에서는 주시경에게 별다른 죄가 없다며 풀어주었습니다.

다만 같이 한글 보급에 애썼던 동지들은 아주 오랫동안 갇힌 신세가 되었습니다.

"우리 글과 말이 있으되 천하게 여기는 것은 입이 뚫려 있되 말 못 하는 벙어리와 다를 바 없는 것이다."

주시경은 한글에 대한 사랑을 몸소 실천하는 것이 더 중요하다고 생각했습니다.

먼저 자신의 이름을 순 우리말인 '한힌샘'으로 바꾸었습니다.

또한 오랫동안 '언문'이라고 낮춰 부르던 우리 글을 '한글'이라는 새 이름으로 바꾸었습니다.

우리 나라 글에 한글이라는 이름이 최초로 붙여진 것입니다.

'한'이라는 말은 옛날부터 우리 나라를 가리키는 말로 크고 바르며 하나라는 뜻을 지니고 있습니다.

주시경은 그 동안 해왔던 일들에 대해 곰곰히 생각해 보았습니다.

'연구는 많이 했으나 규칙이 없었구나. 사람들이 좀 더 쉽게 배울 수 있도록 한글을 정리해야 할 필요가 있겠어.'

'쉽고 빠르게.' 한글을 전 국민이 깨우칠 수 있는 가장 좋은 방법은 그것밖에 없었습니다.

주시경은 국어 사전을 펴낼 것을 궁리하였습니다.

주시경은 얼른 조정에 편지를 띄웠습니다.

국문 연구소를 설치하자는 내용이었지요.

편지를 받은 조정에서는 주시경의 뜻을 받아들였습니다.

마침내 국문 연구소가 설치되었습

니다.

 주시경으로서는 반갑기 그지 없는 일이었습니다.

 주시경은 그 곳으로 옮겨 가 한글 연구에 더욱 앞장섰습니다.

 그리하여 1908년에 〈국어 문전 음학〉이라는 말의 규칙을 다룬 책을 펴냈습니다.

 1910년에 〈국어문법〉, 1914년 4월에는 〈말의 소리〉를 세상에 내놓았습니다.

 주시경은 한글의 우수성을 세계 만방에 알리고 싶었습니다.

 세상의 어느 말보다 과학적이고 아름다운 한글.

 주시경의 나라 글에 대한 사랑과

집념이 차츰 빛을 발휘하기 시작했습니다.
 주시경 선생은 또한 위대한 애국자였습니다.
 1910년 8월 29일 일본에 나라를 빼

앗기자 주시경은 땅을 치면서 통곡을 하였습니다.

오천 년 우리 겨레의 역사가 일본의 총칼 앞에서 막을 내린다는 슬픔에 식사조차 하지 않았습니다.

그러나 그는 자신이 나아가야 할 길이 무엇인지 뚜렷하게 알고 있었습니다.

"한글을 지키자."

그에게 그보다 더 중요한 일은 없었습니다.

일본의 탄압은 거세져만 갔습니다.

수많은 애국자들이 감옥으로 끌려갔습니다.

주시경도 여러 번 체포될 고비를 넘겼습니다.

어느 날 주시경은 외국으로의 망명을 결심하였습니다.

'이 곳에서 내 뜻을 펼치기가 어렵구나. 밖으로 나가 나라의 독립을 되찾는 데 힘쓰리라.'

하지만 그 꿈은 산산이 부서지고 말았습니다.

외국으로 떠날 날을 며칠 앞두고 갑자기 쓰러진 것입니다.

1914년 7월 28일, 서른아홉의 나이였지요.

일제의 탄압에 굴하지 않고 한글을 지킨 주시경.

그는 우리 민족의 등불을 밝힌 위대한 인물이었습니다.

초판 1쇄 인쇄 2010년 3월 10일
초판 4쇄 발행 2010년 7월 5일

엮 은 이 위인전 편찬위원회
발 행 인 김범수
발 행 처 자유토론
주　　소 서울시 양천구 목2동 504-17 신구빌딩 2층
전　　화 070-7641-9515
전　　송 02-732-3474
E-mail fibook@naver.com
출판등록 제 314-2009-000001

　ISBN 978-89-93622-28-7 73990

　　　값 8,500원

　　　잘못된 책은 구입하신 서점에서 교환해 드립니다.
　　　저자와의 협의에 의해 인지는 생략합니다.

한국소설대학 엮음

일기/생활문/동시/독서감상문/동화/설명문/논설문/편지글
웅변·연설문/기록문(관찰기록)/기행문/희곡/원고 쓰는 법
전13권, 낱권 판매, 각권 5,000원

" 글짓기가 어렵다구요? "

뿌리깊은 나무는 바람에 흔들리지 않습니다.

〈글짓기는 가나다〉는 아직 말하는 것이나 논리적인 글쓰기가 서툴 수밖에 없는 초등학생 어린이들을 위한 자세하고 친절한 글짓기 안내서입니다. 일기, 생활문부터 동화, 편지, 기록문까지 모두 장르 별로 13권으로 구성되어 있습니다.

〈글짓기는 가나다〉는 학습지를 겸한 형태의 기존 글짓기 책들에서 벗어나 무엇보다도 어린이들이 작품을 잘 이해하고 느끼는 것에 비중을 두고 쓰여졌습니다. 이를 위해 예문을 아주 많이 들었습니다. 책에 나오는 예문들은 모두 초등학교 어린이들이 고사리 같은 손으로 직접 쓴 것들로 생생한 현장감과 함께 어린이들이 마치 친구에게서 설명을 듣는 것 같은 친근함을 느끼며 읽을 수 있습니다.

이 책은 한국소설대학(소설 창작 위주의 문학 아카데미, 학장 윤후명)에서 글짓기에 대한 모든 분야를 섭렵하여 완성한 이론을, 어린이들이 이해하기 쉽도록 재미있는 그림과 생생한 예문을 곁들여 구성하였습니다. 자칫 지루하고 딱딱해지기 쉬운 이론들을 구어체로 설명해놓아 글짓기에 대한 벽을 허물고 내용을 재미있게 읽어가면서 어느새 글짓기에 대한 자신감을 가지도록 해주는 책입니다.

생활문 쓰는 아이들

신지선 외 지음

지아는 IMF 때문에 세뱃돈 주머니가 훨씬 작아졌지만 그래도 어른들께 마냥 고마움을 느낍니다. 정화는 아빠의 쏙 들어간 배를 보면 울컥 눈물이 나려 합니다. 효민이는 찢어진 수영복을 입고도 아이스크림 앞에서 마냥 웃고 있는 여동생이 세상에서 가장 사랑스럽습니다.
표현을 잘 못할 뿐이지 아이들의 마음속에는 의젓한 생각이 가득합니다. 생활문은 바로 그 숨겨진 마음을 보여주는 거울입니다.

신국판/삽화, 2도 인쇄/값 6,000원